歴史文化ライブラリー

98

役《えんの》行《ぎょう》者《じゃ》と修《しゅ》験《げん》道《どう》の歴史

宮家　準

吉川弘文館

目次

役行者の原型　プロローグ
創られた開祖……2
役行者研究の視点……8
役小角と役優婆塞
役小角の実像……16
『日本霊異記』の役優婆塞譚……27
霊山の役行者伝承
金峰山の縁起……42
熊野修験の役行者伝承……51
大峰山の役行者伝承……67
修験道確立期の役行者伝
鎌倉時代の役行者伝承……74
室町・戦国期の役行者伝承……91

『役行者本記』の役行者伝承……103

近世の教派修験と役行者伝承

教派修験の成立と展開……122
教派修験の役行者伝承……131
近世の役行者伝の構造―『役君形生記』を中心に……152
役行者の供養法と図像……158
文学に見る役行者……166

役行者伝承の構造　エピローグ

役行者伝承の展開……178
役行者伝承の構造……196

参考文献
あとがき

役行者の原型

プロローグ

2　創られた開祖

修験道《しゅげんどう》界では二〇〇〇年（平成一二年）六月七日を高祖役小角《えんのおづぬ》（神変《じんぺん》大菩薩）の没後一三〇〇年にあたる日としている。それに先立つ一九九九年秋には本《ほん》山修験宗《ざんしゅげんしゅう》（総本山、聖護院《しょうごいん》）、真言宗醍醐派《だいごは》（総本山、醍醐三宝院《さんぽういん》）、金峯山《きんぶせん》修験本宗（総本山、金峯山寺）の修験三教団が大阪市立美術館・東武美術館・毎日新聞社とともに「役行者《えんのぎょうじゃ》と修験道の世界」と題する特別展を行った。

役行者の御遠忌

御遠忌《ごおんき》の当年には、本山修験宗の聖護院で六月一日夜、採灯大護摩供《さいとうおおごまく》と火生三昧供《かしょうざんまいく》（火渡り）、二日午後「役行者講式法要」による御遠忌開白《かいびゃく》法要、三日は、午前中は速水流家元による献茶式、午後は山伏大行列と「御遠忌慶讃採灯大護摩供」、四日は午前中に先亡者の追善法要、午後は庭儀式と結願《けちがん》の「法華三昧供《ほっけざんまいく》」が行われる。とくに「役行者講式法要」は今回とくに復活されたものである。一方、真言宗醍醐派の醍醐三宝院では、四月一五日に恵印《えいん》法流による神変大菩薩御遠忌大法要とご奉納神変大菩薩尊像入仏法要が行われる。また吉野の金峯山寺（金峯山修験本宗）では、五月一一日に御遠忌の記念事業の本地堂落慶《らっけい》の四箇法要、一三日に法華懺法《ほっけせんぼう》による法要、一四日に千衣法要と採灯大護摩供という形で御遠忌の大法要を施行する。なおこの三派がともにかかわりをもつ修験道の中心道場である山上ヶ岳の大峯山寺《おおみねさんじ》では五月三日に戸開式《とあけしき》とあわせて御遠忌大法要の開闢《かいびゃく》法要を行い、つづいて大峯山寺護持院《ごじいん》が、吉野山の桜本坊五月二一日、東南院六月二五日、喜蔵院七月九日、竹林院八月六日、天川村洞川《てんかわむらどうかわ》の竜泉寺が九月一〇日の順に慶讃法要を施行する。また八月二七日には修験三本山の合同法要として大護摩供が勤修《ごんしゅう》される。そして九月二三日の戸閉式《とじめしき》とあわせて結願法要をして御遠忌の一連の行事を終了することになっている。

御遠忌とは

御遠忌は仏教の諸宗諸派でその開祖や中興の祖の遺徳をしのんで、死後五〇年、一〇〇年ごとに行う大規模な法要をさしている。近年では平成一〇年（一九九八）に真宗各派が行った蓮如忌《れんにょき》が耳目に新しい。周知のように、一般の死者は子孫によって、死後四十九日までは初七日からはじまって七日ごと七回、それ以後は百箇日《ひゃっかにち》、一回忌、三回忌、七回忌、十三回忌、三十三回忌と一三回の法事が営まれる。この一回忌以降はその人が亡くなった忌日《きにち》に行われている。そして弔《とむら》いあげといわれる三十三回忌の法事をおえると、そのホトケはカミになると信じられている。

これに対して仏教諸宗・諸派の開祖や中興の祖の場合には、毎年その忌日にあわせて法要が営まれている。もっとも真言宗は御影供《みえいく》、浄土宗は御忌《おんき》、日蓮宗は御会式《おえしき》というようにその呼称は違っている。そして真言宗を例にとると空海《くうかい》（七七四〜八三五）の祥月命日《しょうつきめいにち》にあたる三月二一日に空海の像（御影）を祀った御影堂で御影供が営まれている。ちなみに空海は延喜二一年（九二一）に弘法大師の諡号《しごう》を朝廷から賜っている。諡号は高僧などに死後その徳をたたえて与えられる称号である。役小角も一一〇〇年の御遠忌に先立って、その前年の寛政八年（一七九六）に神変大菩薩の諡号を朝廷から授かっている。

このように各宗派では宗祖や中興の祖に対して毎年忌日に法要を営んで、その活動をしのび、教えを学ぶことを通して宗派の結束をはかっている。こうした営みは忌日のみでなく開祖の生誕、悟りを得たときにもあわせて行われている。仏教についていえば、仏陀《ぶっだ》の降誕会《こうたんえ》（仏生会《ぶっしょうえ》、四月八日）、成道会《じょうどうえ》（一二月八日）、涅槃会《ねはんえ》（二月一五日）がこれである。このうちの毎年の忌日の法要を五〇年・一〇〇年のときにより盛大に行うのが御遠忌なのである。そしてこれにあわせて、新たに宗祖伝が編まれたり、伽藍《がらん》の整備、積極的な布教が試みられる。そこでそのひそみにならって、私も本書で修験道の開祖とされる役小角の伝承について考えてみることにしたい。

修験道の成立

修験道は、日本古来の山岳信仰が外来の仏教・道教や成立神道の影響のもとに平安時代後期に一つの宗教形態をとるにいたったものである。この宗教では山岳などでの修行と、それによって得られた験力《げんりき》をもちいての呪術宗教的な活動の二面を有している。日本では古来山岳や海上の島などは神霊のすまう他界とされていた。そして人々は山麓や浜辺に祠《ほこら》をつくって、そこに他界の神を迎えて祭りを行った。とくに弥生時代以降水田稲作をいとなむようになると、山の神は水を授けてくれる水分《みくまり》の神とされた。そして山麓の里では春先に祭りを行って山の神を迎えて田の神として農耕の守護を願い、収穫をおえた秋に感謝の祭りをして山に送り返していた。その後中国や朝鮮半島からの渡来人によって、山岳で修行して仙人となることをめざす道教や山林修行をした僧侶を尊重する仏教が持ちこまれた。里人たちはこうした山林で修行した仙人や修行僧を山の神の力を体得した験力をもつものとして崇拝した。とくに大和の葛城山《かつらぎさん》・吉野・熊野などは、仙人や山林修行者の居所とされた。

平安時代に入ると最澄《さいちょう》が比叡山《ひえいざん》で天台宗を、空海が高野山で真言宗を樹立した。天台宗は法《ほ》華経《けきょう》を中心とし、真言宗は密教《みっきょう》を旨としたが、やがて天台宗も密教化した。そして山中で修行した法華持経者《ほっけじきょうしゃ》や密教の験者が除災招福《じょさいしょうふく》の加持祈禱《かじきとう》にすぐれた力をもつとされた。九世紀後期になると、山岳修行をして験力をおさめて加持祈禱の効験が著しい者を験を修めた者——修験者——として崇めるようになっていった。こうして比叡山で回峰行《かいほうぎょう》をはじめた相応《そうおう》、金峰山の道珠《どうしゅ》や浄蔵《じょうぞう》、熊野の永興《えいこう》など傑出した修験者があらわれた。そして葛城《かつらぎ》や金峰（吉野）・熊野、その間の大峰などで修験者の集団が形成されたのである。

開祖を求める

こうした修験者集団が修験道という一つの宗教を樹立するにあたっては、天台宗を開いた最澄、真言宗を開いた空海に相応する開祖が必要とされた。これは日本で大きな勢力を有するようになった家が系譜上たどりうる最初の先祖の前に源平藤橘《げんぺいとうきつ》などの人物を始祖にすえて系図をつくるいとなみにも似たものである。けれどもすでに宗派を設立した最澄・空海、すでにその伝記が明白な南都六宗《なんとろくしゅう》の学僧や行基《ぎょうき》などを開祖にいただくことは、はばかられたのかもしれない。その直接的な契機は定かではないが、鎌倉時代初期になると七世紀後半から八世紀初頭ごろに葛城山で活躍した役小角が修験道の開祖に仮設されるようになったのである。

もっとも役小角に関する正史の記録は、のちに詳細に検討するように延暦一〇年（七九一）に完成した『続日本紀《しょくにほんぎ》』の文武天皇三年（六九九）五月二四日の条の役小角を伊豆に配流したとの記事のみである。

役小角はその後、弘仁年間（八一〇〜二四）成立の薬師寺僧景戒《けいかい》の『日本霊異記《りょういき》』で「役優婆《えんのうば》塞《そく》」としてとりあげられ、説話化された。そしてそれ以後、平安時代を通して彼の修行や呪験《じゅげん》、その遍歴や奇瑞《きずい》が人々の関心をひくにいたったのである。さらに役優婆塞は私度僧《しどそう》である優婆塞を含む修験集団でも注目された。そしてやがて高祖として崇められ、それにふさわしい伝記が編まれていったのである。

　このように役小角は釈迦《しゃか》・最澄・空海などのように、特定の教えを唱導《しょうどう》し、特定の宗教を創った宗祖ではないのである。彼はむしろ山林修行者たちによって、自分たちの修行や宗教活動の範とするにふさわしい人物として描かれた宗教者なのである。換言すれば、彼らによって創られた宗祖なのである。それゆえ修験霊山の成立や修験道の成立・展開に対応して、そのときどきの集団や教派が必要とした始祖像が役小角の神話として創作されたのである。

　もっとも、民衆や信者の生活を支える宗教が必要に応じて現実を離れた新たな教祖伝を編むことは創唱宗教でもなされている。キリストは処女マリアから生まれたとされ、その誕生日（クリスマス）は冬至の日、復活祭は春分後の最初の満月の日に対応している。日本の仏教では釈迦の誕生日の四月八日は、山の神が山から里におりて田の神となる卯月《うづき》八日に符合している。こうした創唱宗教の教祖の伝記に見られる神話化のいとなみは、創られた宗祖の伝記にも認められるのである。

役行者研究の視点

このように修験者が役小角《えんのおづぬ》を祖師《そし》として仰いだこともあって、彼らの信仰の対象となった多くの霊山には小角が山を開いたとか、修行のために訪れて霊異《れいい》を示したとの伝承が伝えられている。さらに山岳寺院の多くは役小角を開基としており、役小角御自作と称する仏像を伝えていることも少なくない。このように役小角は日本の庶民宗教においては、空海・行基などと並んで、広く民衆の帰依《きえ》を集めてきたのである。

歴史家の役小角研究

こうしたこともあって、役小角はこれまで数多くの研究者によってとりあげられてきた。これらの研究は大きく三つの傾向に分けることができる。第一はすでに明治二八年（一八九五）に鷲尾順敬（「役小角」〈『仏教史林』二―一二〉）によって試みられたように、これまでの役小角伝はいずれも「愚俗の蒙昧なる崇拝が事実を掩蔽《えんぺい》したもの」とし、こうした後世の粉飾をぬぐい去って、歴史的人物としての役小角を明らかにしようとするものである。しかし役小角に関する正史の記録は、さきの『続日本紀《しょくにほんぎ》』の記事に限られている。それゆえ、この立場の研究は、この記事や時代的にこれに近い『日本霊異記《りょういき》』などの平安時代に記された書物をもとにして飛鳥・奈良時代における宗教社会の状況の中に役小角を位置づけるという形をとらざるをえなくなる。

津田左右吉・和歌森太郎・村上俊雄などによる戦前の役小角研究、最近の西郷信綱の研究などはいずれもこうした傾向をもっている。すなわち津田左右吉「役行者伝説考」（『史潮』一―三、昭和六年。『全集』第九巻所収）では役小角伝承の中に道教の神仙説《しんせんせつ》の影響を認め、初期の役小角伝承の作者、さらには小角自身も道教に接していたと推測している。また大塚雅司「役行者説話の変遷――道教とのかかわりなど――」（中村璋八編『中国人と道教』汲古書院、平成一〇年）でも古代の役小角説話に見られる道教的要素が指摘されている。和歌森太郎は役小角の出自を賀茂宗家に奉仕する役の民であったとし、小角を古代の葛城《かつらぎ》の信仰、山林修行者の活動のなかに位置づけている（『修験道史研究』平凡社、昭和四七年）、村上俊雄は『日本霊異記』に役小角が優婆塞《うばそく》と記されていること、その活動に雑密《ぞうみつ》、道教の神仙説や方術の影響がみられることを指摘し、これは奈良時代の山林修行者の宗教活動に位置づけうるとしている（村上俊雄「役行者」〈『宗教研究』新一二―五、昭和一〇年〉）。西郷信綱は小角を外来の仏教や道教にふれた亡命の民ととらえ、さらに小角から行基に連なる古代の民衆宗教の指導者の系譜を跡づけている（「役行者考――古代における亡命のこと―」〈『神話と国家』平凡社、昭和五二年〉)。また上田正昭は役小角の出自の解明を試みている(「役行者の原像」〈『古代の道教と朝鮮文化』人文書院、平成元年〉)。

これらの研究はいずれも古代の資料をもとにして、歴史的にみた役小角そのもの、あるいはその背景になる宗教状況を通して小角の宗教活動を推測する立場に立っている。これに対して第二の傾向のものは、数多くの役小角伝承を、その成立年代にさして考慮を払うことなく、比較検討するというものである。

教学者と文学者の役行者研究

この傾向は行智《ぎょうち》の『木葉衣《このはごろも》』(『修験道章疏』三)など、江戸時代の修験道の教学者による訓詁《くんこ》学的な役小角研究の流れをひくもので、小角の生誕年代、死亡年代その他の記述内容の相違を比較検討したものである。江戸時代に編まれた『役君形生記《えんくんけいせいき》』『役行者顚末秘蔵記《てんまつひぞうき》』『役公徴業録《えんこうちょうごうろく》』(いずれも『修験道章疏』三所収)などの役小角伝は多少ともこうした傾向をもっている。なお近現代においてこうした試みをしたものには、牛窪弘善『文化史上に於ける役行者』(修験社、昭和三年)、宮城信雅『山岳宗教開祖役行者』(修験社、昭和一七年)、佐藤虎雄「役小角伝」(『天理学報』二一、昭和三一年)、銭谷武平『役行者伝の謎』(東方出版、平成八年)などがある。それゆえこの立場はうがった見方をすれば研究というより、修験教学の立場に立って在来の役小角伝承を比較検討し、より完成した開祖伝を編むための試みと考えることができよう。

第三のものは近年説話文学の研究者によって進められている特定の説話集の役行者説話の詳細

な検討と類似説話との比較研究である。主要なものには、まず古代に関しては、『日本霊異記』の「役優婆塞伝」をとりあげた、中村宗彦「日本霊異記における役行者説話の再検討」（『万葉』六九、昭和四三年一〇月）、丸山顕徳「役小角説話」（丸山『日本霊異記説話の研究』桜楓社、平成四年）などがある。また『扶桑略記《ふそうりやつき》』の役小角説話に関しては、辻英子「『扶桑略記』精講三〇」（『並木の里』四二、平成七年）に、そこに収録されている『三宝絵』（『為憲記』）の「役小角伝」、「役公伝」（『金峰山本縁起』とほぼ同文）、「金峰山本縁起」も含めて詳細な解説がなされている。

中世に関しては、川崎剛志により真福寺本『役優婆塞事』が解説をつけて翻刻された（『熊野金峰大峰縁起集』臨川書店、平成一〇年）。なお本書は牧野和夫「太子伝所引『熊野山(本)縁起』の周辺について――真福寺蔵『役優婆塞事』一巻簡介――」（石橋義秀『仏教文学とその周辺』和泉書院、平成一〇年）でもとりあげられている。なお、この「役優婆塞事」の内容も一部含む『私聚百因縁集《しじゆひやくいんねんしゆう》』所収の「役行者事」に関しては、高橋伸幸「巻八第一話『役行者事』」（北海道説話文学研究会編『「私聚百因縁集」の研究』本朝篇上、平成二年、和泉書院）で先行説話との比較も含めて詳細な検討がなされている。

近世期の役行者説話は奈良絵本や浄瑠璃《じようるり》のなかに見ることができる。このうち奈良絵本に関しては、アンヌ・マリ・ブッシィ「お伽草子『役行者物語絵巻』の役行者伝」（『仏教民俗学大系一』名著出版、平成三年）で、この物語が役行者の修行譚とその家族の恩愛物語から成ることの指摘と先行の説話との比較がなされている。なお役行者伝説をもりこんだ古浄瑠璃は、横山重他校訂『古浄瑠璃正本集 第八』（角川書店、昭和五五年）に収録されている。ちなみに中世末から近世にかけては、修験者による役行者伝が編まれているが、その主要なものは銭谷武平『役行者伝記集成』（東方出版、平成六年）に簡単な解説を付して現代訳されている。

本書の視点

ところで、それぞれの時代に形成された役小角伝をみると、そのときどきの宗教社会的状況や修験集団の状況に応じて、より適切な「役小角像」が求められ、それが各時代ごとに違った「役小角伝」を生みだしている。それゆえ、修験道成立以前（平安）、確立期（鎌倉室町期）、教派修験の時代（江戸時代）をへて現代にいたるそれぞれの時代に、修験者などによって作られた役小角伝承を順を追って、比較検討していくことによって修験道の展開を跡づけることができるのである。これに加えて役小角は、歴史的にはわずかに讒言《ざんげん》によって伊豆に配流されたすぐれた呪術者という程度しか知られていない。それがのちに山林修行者によって理想上の行者《ぎょうじゃ》と仰がれ、さらに修験道の開祖とされていったのである。それゆえ、役小角伝承の展開は、特定の宗教教団が一人の呪術宗教者を自己の教団の開祖の位置を占めさせるために、その人物にどのような伝承を付与させていくかを示すきわめて興味深い事例なのである。

そこで本書では、修験道の説話などに見られる各時代ごとの役小角伝承を検討することによって、役小角が修験道の開祖の位置を占めるようになるにつれ、どのような伝承が付加されていったかを解明することにしたい。

もっとも修験教派が確立するのは室町時代になってからである。そこでそれ以前の平安時代や鎌倉時代については一般の役小角伝承をとりあげ、その中でとくにのちに修験道を生み出す山林修行者の伝承に注目することにしたい。また修験教派確立後も修験教派内で創られた開祖としての役小角伝承と、一般の伝承を対比させることによって開祖としての役小角の特徴をより明白にさせることにしたい。

役小角と役優婆塞

役小角の実像

役小角《えんのおづぬ》に関する正史の記述は『続日本紀《しょくにほんぎ》』巻一、文武《もんむ》天皇三年（六九九）五月二四日の条の次の記事である。

『続日本紀』の記事

役君《えのきみ》小角伊豆島に流さる。初め小角葛木山《かつらぎさん》に住みて、呪術を以て称《ほ》めらる。外従五位下韓《から》国連広足《くにのむらじひろたり》が師なりき、後にその能《のう》を害《そこな》ひて、讒《しこ》づるに妖惑を以てせり。故《かれ》、遠き処に配《なが》さる。世相伝《よあいつた》へて云はく、「小角能《よ》く鬼神を役使《やくし》して、水を汲み薪《たきぎ》を採《と》らしむ。若《も》し命《めい》を用いずは、即ち呪《じゅ》を以て縛《しば》る」といふ。（青木和夫・稲岡耕二・笹山晴生・白藤礼幸校注『続日本紀』一、新日本古典文学大系、岩波書店、平成元年）

一読してわかるように、この記事は文武天皇三年五月二四日に、役君小角を伊豆島に配流したという事件と、その配流の理由、小角に関する世間の噂の三部分から成っている。この文面では配流の理由は、葛城山に住して呪術をこととした小角に師事した韓国連広足が小角の呪術を妬《ねた》み、小角があやしい言葉で人をまどわしていると讒言《ざんげん》したことによるとしている。また世間の噂は、小角は鬼神を使役して、水を汲み、薪《たきぎ》をとらせ、その命令に服さないときは呪縛《じゆばく》したというものであった。

そこで以下この記事のもつ意味を、当時の葛城山の状況、役小角の出自、讒言した韓国連広足、配流の理由の各項に関して、この事件の宗教社会的背景を考慮に入れて分析することにしたい。

葛城山

葛城山は一般には大和の当麻《たいま》と河内の太子の境の二上山《ふたかみやま》から南に平石峠をへて岩橋山（六五八メートル）、葛城山（九五九メートル）、その南の水越峠をこえて金剛山（一一二五メートル）にいたる山系をさしている。もっともここから和泉と紀伊の境を西にのびて岩湧山《いわわきさん》、和泉葛城山をへて紀伊の加太《かだ》にいたる山系も広義には葛城山系とされている。ただ古代には二上山から現在の金剛山あたりまでを葛城山と総称し、狭義にはこの山系の最高峰の北峰をさして葛城山と呼んでいた。けれどもその後北峰が金剛山と呼ばれたことから水越峠の北側の峰が葛城山と通称されるにいたったと考えられるのである。

この葛城山とその北の生駒山《いこまやま》には早くから山人が住んでいて大和朝廷の支配に抵抗した。『日本書紀』の神武天皇の条には、この土地にいた背が低く手足の長い侏儒《しゆじゆ》のような土蜘蛛《つちぐも》と称する土民が神武天皇の統一に反抗し、天皇が葛の綱でしばって殺したので、以後この地を葛城と呼ぶようになったとの伝承をのせている。また『古事記』の雄略天皇の条には、天皇が弓矢を持ち伴を連れて葛城山に登ったとき、反対側の尾根から天皇とまったく同じ行列・服装で山に登る人がいた。おどろいた天皇が何者か名を名乗れといった。するとその男は「我は悪事《まがこと》も一言《ひとこと》、善事《よごと》も一言、言《い》い離《はな》つ神、葛城の一言主《ひとことぬし》大神だ」と答えた。これを聞いた天皇はかしこまって弓矢や装束を献じた。一言主神はこれを受けて、天皇を長谷《はせ》の山口まで送ったとの話をのせている。

　これらの伝承はいずれも葛城の地に強力な土民が独自の神を奉じて生活していたことを示している。しかしやがて彼らも大和朝廷に服し、主要な担い手となっていく。その代表的なものが葛城氏と加茂氏である。

葛城氏と加茂氏

　葛城氏は孝元天皇の子孫と称し、四世紀末ごろ、葛城襲津彦《そつひこ》（沙至比跪《さちひこ》）が出るにおよんで、大きな力を占めるようになった。一方、加茂氏は葛城山の山の神の高鴨神《たかかものかみ》を祀った豪族で加茂朝臣と称していた（『続日本紀』巻二五、天平宝字八年一一月七日の条）。この葛城地方には、さきに紹介した雄略天皇のときに示現した葛城一言主神を祀った葛木一言主神社（南葛城郡）をはじめ、式内社だけあげても、葛上郡に葛木御歳《みとしの》神社・葛木水《みく》分《まり》神社・葛木大重《おおしげ》神社、葛木郡に葛木倭文坐天羽雷命《かつらぎのしどりにいますあめのはずちのみこと》神社・葛木御県《みあがた》神社・葛木二上神社、南葛城郡に高鴨阿治須岐託彦根《たかかもあじすきたくひこね》神社・鴨都波八重事代主《かもつばやえことしろぬし》神社、忍海《おしみ》郡に葛木坐火雷《かつらぎにますほのいかずち》神社があり、加茂氏がこれらの諸社の祭祀にもかかわっていた。なおこのうちの高鴨阿治須岐託彦根神社の神は雷神、竜蛇神で高賀茂《たかかも》氏の氏神とされている。

ところで葛城氏の葛城襲津彦は古代朝鮮文化を導入している。また武内宿禰《たけのうちのすくね》を始祖とし大和国高市郡蘇我を本拠とした蘇我氏の蝦夷《えみし》は、仏教を信じ皇極天皇元年（六四二）一二月に葛城の高宮に高宮山寺《たかみやさんじ》と呼ばれる祖廟《そびょう》を建立した。なお葛城山にはこの地を道教の神仙境と思わせる伝承がいくつか伝えられている。『日本書紀』の記事からこうした事例をいくつかあげてみると、雄略天皇五年（四二二）春二月に天皇が葛城山に狩に出かけたとき、大きさは雀ぐらいだが、尾を長く地に曳いた霊鳥があらわれて「努力努力《つとめつとめ》と鳴いた」（『日本書紀』巻一四）、斉明天皇元年（六五五）五月、唐人に似た人が青い油笠を着て、葛城峰から竜に乗って空をとび生駒山にいき、そこからさらに住吉の松嶺に出て、西の方に飛び去った（『日本書紀』巻二六）。天武天皇九年（六八〇）二月、葛城山で麟《りん》の角《つの》とも思える不思議な鹿の角が発見された（『日本書紀』巻二九）などがある。こうした伝承からも葛城山系が仙人や異様な動物がすまう仙境とされていたことがわかるのである。

役小角の出自

役小角の出自である「役君《えのきみ》」は『続日本紀』養老三年（七一九）七月一三日の条の「従六位上賀茂《かもの》役首《えんのおびと》石穂《いわほ》に正六位下、千羽《ちはの》三千石《みちいわ》等一百六十人に、賀茂役君姓《きみのかばね》を賜ふ」との記事にてらしてみると、賀茂の役氏《えんのうじ》と考えられる。さらに弘仁一三年（八二二）ごろ成立した景戒の『日本霊異記』上巻の「孔雀《くじゃく》明王《みょうおう》の呪法を修持し、異験力を得、現に仙術を行って天を飛んだ話　第二八」に「役優婆塞者は賀茂役公氏、今の高賀茂朝臣の出なり」と記されていることからも、役小角が葛城を本拠とした賀茂氏の役公《えのきみ》（君）とされていたことはほぼ間違いないといえよう。ところでこの「役」（えだち）の語は本来は律令制度下における歳役《さいえき》・雑徭《ぞうよう》をさす語とされている。それゆえ「役君」は、賀茂氏の一族として賀茂宗家に仕える家であったと考えることができる。

この小角が住した葛城山麓を本拠とした代表的な氏族がさきに述べた葛城氏とこの賀茂氏なのである。とくに賀茂氏は葛城山の山の神の高鴨神を祀った豪族で、カモはカミと同義であるとされている。葛城の地主神である高鴨神はやがて大和朝廷の守護神となり、『続日本紀』天平宝字八年（七六四）一一月二七日の条によると、当時の賀茂朝臣田守《たもり》の先祖がこれを祭祀したとされている。ちなみにこの地にはさきに雄略天皇のときに示現して天皇に従い、その守護をはかるようになった一言主神もまつられている。この一言主神も高鴨神の分神と考えられるので、やはり賀茂氏が祭祀していたと推測されよう。このように賀茂氏は大和朝廷の守護神となった葛城の山の神である高鴨神や一言主神を祀ることを職掌とし、賀茂の役君である役小角の家はこの賀茂氏の家職に奉仕する役割を担っていたと思われるのである。

なお、ここで今一つ注目しておきたいことは、役小角が『日本霊異記』が成立した弘仁一三年（八二二）ころ、高賀茂朝臣の先祖とされていることである。この高賀茂朝臣家の系図は、現存の賀茂氏系図（『尊卑分脈』『新訂増補国史大系』）とされているが、この系図には「天文暦数を掌る一家で、両道をする」との割注があり、その始祖を吉備麻呂《きびまろ》としている。吉備麻呂は『続日本紀』の大宝元年（七〇一）正月の条に初見の人物である。したがって、このころ天文暦数を職掌とする新しい葛城賀茂氏の定立がなされ、役小角もその氏族につらなっていたと思えるのである。ちなみに役小角が伊豆に配流された文武天皇三年（六九九）は、ほぼこれと同じ時期に当たっている。

韓国連広足

一方、役小角を讒言した韓国連広足《からくにのむらじひろたり》に関しては、『続日本紀』の天平四年（七三二）一〇月一七日の条に「外従五位下 物部《もののべ》韓国連広足を典薬頭《てんやくのかみ》となす」とあり、天平宝字四年（七六〇）ごろの成立とされる『武智麿《むちまろ》伝』にも韓国連広足は宮廷の典薬寮《てんやくりょう》の呪禁師《じゅごんし》であったと記されている。ちなみに当時典薬寮には二人の呪禁師が置かれていた。また『続日本紀』の延暦九年（七九〇）一一月の条によると、韓国連は物部大連《もののべのおおむらじ》の後裔《こうえい》で、その先祖が三韓に使節として派遣された古例によって韓国連と改姓したとされている。なお、外従五位下は彼が得た極位《ごくい》で、文武天皇三年の条の記事は『続日本紀』の編纂の際にその極位を記したものである。これらのことから韓国連広足が、医・針・按摩・呪禁をあつかう典薬寮の呪禁師として、主として天平年間（七二九〜四八）に活躍した人物であることがわかるのである。なお呪禁師は呪文を唱えて邪魅を祓い治病にあたるもので、山居して方術を行う道教に淵源を持ち、道呪《どうじゅ》を中心とする者と、仏教の仏呪の二種のものがあるとされている。そして韓国連広足が行ったのは、『令集解《りょうのしゅうげ》』所引の古記《こき》に「道術符禁、道士法をいうなり、今辛国連《からくに》是を行ず」とあることからすると、道呪であったと考えられる。

さて、この韓国連広足が役小角を師としたとすると、当然小角も道呪を行っていたことが推測される。事実、『続日本紀』の記事の後半部に記されている鬼神を使役し、命に従わないと呪縛するという小角の宗教活動は呪禁の基本をなす、「気」にもとづく道士法の代表的なものである。とすると、同じ道呪を行いながら小角が広足の妬《ねた》みをかい、その讒言によって配流の憂き目をみたのに、なぜ広足は宮中に出仕して、のちに典薬頭にまでなりえたのであろうか。役小角を配流にまで追いやった讒言は、どのような内容のもので、なぜその讒言がこうした大きな効果をもたらしたのであろうか。この謎を解くために、当時の宗教社会的状況を検討することにしたい。

役小角配流の宗教的要因

小角配流の年とされる文武天皇三年は大宝元年（七〇一）三月の大宝令施行の二年前にあたっている。周知のように律令政府は僧尼令によって、僧尼の活動を厳しく統制し、仏教を鎮護国家の具としようとした。それゆえ僧尼令ではその冒頭の一条・二条で、僧尼が天象により災祥を説いて百姓《ひゃくせい》を妖惑《ようわく》したり、吉凶を卜《ぼく》したり、小道《しょうどう》・巫術《ふじゅつ》によって治病にあたることを厳禁した。いうまでもなく、こうした活動の多くは道教にもとづくものである。それゆえに政府は仏教徒が道教的な活動をすることを禁じたと考えられる。これを裏返してみれば、民間の優婆塞《うばそく》・優婆夷《うばい》の間には、僧尼令で許された仏教にもとづく仏呪や湯薬による治療だけでなく、道呪を用いさらに災祥を説く者も少なからずおり、政府がこれを統制するのに躍起になっていたと思われるのである。

それゆえ、もし役小角が『日本霊異記』にあるように葛城山で修行した優婆塞であり、それにもかかわらず上記のような後に僧尼令によって禁じられた活動をしていたとするならば、広足の告発によって罪に問われることは十分考えられる。事実小角は「世相伝へて云はく」以下に記されている風聞では、鬼神を使役してその命に従わないときは道呪を用いてこれを縛すというように、道士の法を修したとされている。こうしたことからすると、小角が政府の咎《とが》を受けたのは、当然のことと思われる。これに対して小角を師とした広足も道呪や道士の法を行ったが、仏教者ではない彼の場合は、小角のように罰を受けることはなかったと考えられるのである。

もっともただこれだけの咎で小角が伊豆配流になったとは、とうてい考えられない。とすると配流の原因となった讒言には、このほかに小角が使役した鬼神やその鬼神に行わせたことに関してのものもあったであろう。そこで次にこの二点について検討することにしたい。

鬼神の使役

鬼神は当時は死霊、さらに祖霊をさすとされていた。それゆえ賀茂氏の役君である小角にとっての鬼神は、賀茂氏が祀った祖神である葛城の山の神、具体的には高鴨神やその分神ともいえる一言主神《ひとことぬしのかみ》ということになる。事実『日本霊異記』以後の役小角伝承では、小角が使役したのは一言主神とされている。この一言主神はさきに指摘したように、賀茂宗家が大和朝廷を守護する神として崇め奉仕してきた神である。しかも役小角は賀茂氏の役君として、本来はこれに奉仕すべき立場にあった。ところが小角はこの政府を守護する神に水を汲み、薪を採らせるとともに、命に服さないと縛しさえしている。小角が讒言されたのは、こうしたこともあったと思われる。

それに加えて、小角が鬼神に行わせたという「汲水採薪」は、その典拠と考えられる『法華経』の「提婆品《だいばほん》」では、釈尊が『法華経』の教えを聞くために仙人の奴隷となって水を汲み、薪を拾い、食を設け、仕えるなどのことをしたという故事にもとづく修行とされている。とするとこの行為は、仏道修行、とくに山林修行では、修行者が自己の師僧に対して行うものでなければならないということになる。ところが、小角はこうした法華持経者としてなすべき行為を放棄し、しかも道呪を用いてそれを本来自分が仕えるべき立場にあたる大和朝廷の守護神となった葛城の山の神に自分のために行わせ、命に服さないと縛しさえした。それゆえもし小角が優婆塞であったとすれば、仏法を無視し道呪によって体制の守護神を使役するという大罪を犯したことになると考えられるのである。

役小角配流の社会的背景

もっとも、この役小角の伊豆配流については、さらにこの背景に、葛城の山の神を祭祀する古来の賀茂宗家に対して、新来の技術ともいえる天文暦数を摂取した吉備麻呂を祖とする高賀茂朝臣家の役小角の対立という賀茂家内部の抗争があったと推測されないでもない。外来の天文暦数や道士法にくわしい役小角は、ただたんなる優婆塞とは違って呪禁を駆使しうる者として大きな力をもち、朝廷にも知られていた。こうしたことから小角の言動は、一言主神などの在来の山の神に奉仕する賀茂宗家にとっては、不遜のものと受けとめられていた。一方、師である小角の呪禁力を妬んだ広足は、この賀茂氏の内部抗争をたくみに利用して役小角を落とし入れることを考えたのかもしれない。

けれどもこれら以上に注目しなければならないことは、大化改新をなしとげた天智天皇の没後は壬申《じんしん》の乱や大津皇子《おおつのみこ》の死に見られるように政情が必ずしも安定していなかったことである。こうした状況にあって朝廷では吉野や葛城などの山林修行者が組織化して反体制的な動きをすることを極度に警戒した。事実、僧尼令では、さきにもふれたように山林修行者が「上は玄象を観、仮に災祥を説き、語りて国家に及び、百姓を妖惑する」ことを禁じている。とくに天皇を中心とする支配者を指弾し、妖言によって民衆を惑わすことは恐れられていた。それゆえ「賊盗律」二一では「凡《およ》そ妖書及び妖言をなせば遠流、伝用をもつて衆を惑するものまた是の如し」としているのである。『続日本紀』神亀元年（七二四）三月庚申条では、伊豆・安房・常陸・佐渡・隠岐・土佐の六国が遠流の地とされている。こうしたことからすると、小角を伊豆に配流させた広足の讒言は、小角の道呪の実施、朝廷の守護神の使役より以上に、この妖言によって衆を惑わしたとの密告であったと思われるのである。事実その後の『日本霊異記』では讒言の内容を「役優婆塞が天皇を傾けることを謀る」とし、これをうけて『三宝絵』(源為憲、九八四年成立)では「はかりごとをなして国王をかたぶけたてまつらむとす」と記しているのである。

『日本霊異記』の役優婆塞譚

『日本霊異記』の著者景戒

『日本霊異記《りょういき》』は弘仁一三年（八二二）ごろ、薬師寺の僧景戒《けいかい》が著わした日本最初の仏教説話集である。本書下巻第三八話の「災いと善との前兆があって、後にそれが現われる話」によると、景戒は延暦六年（七八七）に紀伊国名草郡の私度僧《しどそう》鏡日《きようにち》から唐の道世《どうせ》が大蔵経中の諸事項の要文を編集した『諸経要集』を授かった夢を見ている。また翌年には夢の中で肉身を離脱した彼の霊魂が自己の死体を薪で焼いている。当時彼は私度の優婆塞《うばそく》であったが、大蔵経授与の夢を契機に官僧を志し、延暦九年（七九〇）閏三月一〇日に皇后不予に際しての臨時度者二〇〇人の一人として官度を受けた。そして法相宗《ほっそう》の薬師寺で学問僧として修行して具足戒《ぐそくかい》を受け、延暦一四年（七九五）には伝灯住位《でんとうじゅうい》を得ている。ちなみに、彼は法相宗を日本に請来《しょうらい》するとともに各地を遊行して土木事業にもたずさわった道昭《どうしょう》

(六二九〜七〇〇)を崇拝していた。道昭は遺命によりわが国で最初に火葬に付されている。景戒が自己の死体を焼く夢をみたのは、道昭への私淑にもとづくと思われる。ちなみに、道昭の弟子行基《ぎょうき》(六六八〜七四九)は、葛城《かつらぎ》で修行したが、その後薬師寺に属し、民間布教と社会事業に従事し、後には東大寺大仏建立の大勧進《だいかんじん》を勧めている。

『日本霊異記』はその正式の名称である『日本国現報善悪霊異記』の名が示すように仏法の基本原理ともいえる因果応報の理が現実の世界の各所に発現し、善報や悪報をもたらしていることを説話によって示し、信心を深めさせることを意図したものである。そのなかには、道昭の死の際の奇瑞《きずい》(上二二)、行基の活動(中七・八)、東大寺の前身とされる執金剛神《しっこんごうしん》を祀った金鷲《こんしゅう》寺の優婆塞良弁《ろうべん》(中二一)など景戒が尊敬した僧の記載が認められる。また葛城山高宮山寺《たかみややまでら》の願覚《がんかく》の再生譚(上四)や役優婆塞(上二八)、葛城上郡《かつらぎのかみ》の法華持経者(上八)、吉野の比蘇寺《ひそでら》の放光仏の由来(上五〇)、金峰山《きんぶせん》で修行した御手代　東人《みてしろのあずまびと》(上三一)や広達《こうたつ》(中二六)、熊野で修行した永興《えいこう》(下一・二)や榎本氏出身の牟婁沙弥《むろのしゃみ》(下一〇)、石鎚《いしづち》で修行し神野《かみの》親王として再生した寂仙《じゃくせん》菩薩(下三九)などのちに修験道の中心道場となる霊山の修行者や奇瑞譚があげられている。

『日本霊異記』の役優婆塞譚

こうした霊山の修行者の話の一つとして「孔雀王《くじゃくおう》の呪法を修持し異験力《いげんりき》を得て、現に仙となって天を飛んだ話　第二八」(上巻)として役優婆塞の伝承があげられている。その話の内容を列記すると、次のようになる。

(1) 役優婆塞は葛《かつらぎのかみ》上郡茅原《ちはら》村の人で役の公《きみ》の氏、すなわち現在の高賀茂朝臣《たかかものあそん》の出である。(出自)

(2) 他にくらべる者がないほど博学で、つねに三宝を信仰し、業としていた。(生育)

(3) 五色の雲に乗って天空に行き、永遠の世界で仙人と遊び、養気を吸った。(仙術)

(4) 三〇歳で岩窟に住し、葛の衣を着、松葉を食し清水をあび、孔雀明王の呪法を修めた。(修行)

(5) 鬼神を使役して大和の金峰と葛城峰の間に橋をかけさせようとした。(岩橋)

(6) 神々は困りはて、葛城山の一言主《ひとことぬし》の大神が人にのりうつって「役優婆塞が天皇を滅ぼそうとしている」と讒言した。(讒言)

(7) 文武天皇は役優婆塞を捕えようとしたが、験力があるのでつかまらず、母を捕えた。優婆塞は母を赦免してもらうために出頭し、伊豆島に流された。(配流)

(8) 彼は昼は島に留まったが、夜は富士に行って修行した。(伊豆での生活)

(9) 役優婆塞を誅罰するようにとの勅命があったが、誅罰の剣の刃に優婆塞を許せとの富士明神の神文があらわれたので、刑をまぬがれた。(処刑と奇跡)

(10) 三年後の大宝元年(七〇一)正月、許されて朝廷の近くに帰った。(赦免)

(11) 仙人となって空を飛んだ。(飛去)

(12)　渡唐した道昭が新羅で五〇〇匹の虎に法華経を講じたとき、虎の中に役優婆塞がいた。（道昭の法筵）

(13)　一言主の大神は今も役優婆塞に呪縛されたままで解脱《げだつ》しないでいる。（一言主の呪縛）

(14)　この他にも役優婆塞があらわした奇瑞は多数ある。

ここでは『続日本紀』の記事に比して、優婆塞として役小角を尊敬した、景戒による説話化が認められる。そこで以下その特徴的な点をとりあげて検討したい。

仏教と道教の影響

『続日本紀』で史実と世間のうわさのみがあげられていた役小角は、景戒により仏教や道教にもとづいて脚色されている。まず小角は景戒自身が青年期にそうであったように、つねに仏・法・僧の三宝を信じ、定められた戒を守ることを業とした在俗仏教者の優婆塞とされている。そして岩窟に籠って修行し、孔雀王の呪法を修め、鬼神を使役する力を得たとする。

また最後には新羅で五〇〇匹の虎にまじって、道昭の『法華経』の法筵に加わっている。その後道昭自身が、彼を日本の聖人と認めて高座から下りて、役優婆塞をさがしている。役優婆塞を、法相宗《ほっそう》を日本に請来した道昭すら敬意をはらった修行者としているのである。ただ道昭は役小角が伊豆に配流された文武天皇三年（六九九）の翌年には死亡している。それゆえ、この話は景戒が役優婆塞の権威づけのために付記したものと考えられる。ちなみに朝鮮では虎は山神とされている。それゆえこの話は役優婆塞が山神そのものあるいは山神を支配する者となったことを示している。そして本説話の最後に役優婆塞の多くの奇瑞に見られるように、法の験力は広大で、帰《き》依《え》した者はそのことを知りうるとしている。

ところが今一方で、役優婆塞は生まれながらにして一（道）を得て、青年期には常に「五色の雲に挂《かか》って仲虚の外に飛び、仙宮の賓《まらびと》と携って億《おく》載《さい》の庭に遊び、蘂《はな》蓋《ぶさ》の苑に臥《ふ》伏して養性の気を吸《す》噉う」ことを願うというように神仙になることを志したとする。また山中の修行でも葛をまとって松（脂・葉・実）を食し、清泉に浴するというように『抱朴子《ほうぼくし》』にとく仙人の修行を行っている。そして鬼神を使役したり、海上をあたかも陸上のように走ったり、空を飛ぶ験力を得て、最後は仙人のように飛び去っている。これらの点では景戒は役優婆塞を仙人ととらえているのである。

孔雀の呪法

役優婆塞が用いたのは孔雀明王の呪法とされている。孔雀明王は初期の仏教以来信じられた毒蛇を食う孔雀を神格化した仏である。その明《みよう》「おんまゆらぎらんていそわか」や大陀羅尼《だいだらに》を唱えると、蛇の猛毒をはじめ、諸病や貪瞋癡《とんじんち》（三毒）も含めた害毒を消除し、さらに息災・延命・請雨・止雨をもたらすとして重用された。尊容は一面二臂《ひ》もしくは四臂・六臂で手には孔雀の羽を持っている。なお四臂・六臂の場合は孔雀に乗っている。明を唱えれば効果があることから明王と呼ばれたが、玉顔は多くの場合菩薩形である。

この孔雀明王の呪に関する経典には、

1　鳩摩羅什《くまらじゅう》（三五〇～四〇九ごろ）訳の『孔雀王呪経』一巻
2　訳者不詳『大金色孔雀王呪経』一巻
3　帛尸梨密多羅《はくしりみったら》訳『仏説大金色孔雀王呪経』一巻
4　僧伽婆羅《そうかばら》訳『孔雀王呪経』二巻
5　義浄《ぎじょう》訳『仏説大孔雀呪王経』三巻
6　不空《ふくう》訳『仏母大孔雀明王経』三巻

の六本がある。このうちの後の三者は同本異訳で、前の三者はこの原本の抄訳である。一般に孔雀経といった場合には6の不空訳の『仏母大孔雀明王経』をさしている。

わが国にはすでに奈良時代に伝来し、正倉院文書の「写経請本帳」の天平九年（七三七）三月一四日の項に『孔雀王呪経』二巻、『七大寺年表』所収の「道鏡牒《どうきょうちょう》」天平宝字七年（七六三）六月三〇日の項に道鏡が『孔雀王呪経』一巻を読んだこと、同じく『七大寺年表』の同年七月二日の項に『大金色孔雀王呪経』一巻、『仏説大金色孔雀王呪経』一巻、『孔雀王呪経』二巻、『大孔雀王呪経』三巻が奉写されたことが記されている。このように、役優婆塞の時代には上記の六種のうち4の僧伽婆羅訳と、鳩摩羅什《くまらじゅう》と帛尸梨密多羅の抄訳のみが伝来していたのである。

僧伽婆羅訳の『孔雀王呪経』には、ある比丘《びく》が黒蛇に咬まれたとき、仏が「大孔雀明呪」ならびに諸神・諸天・諸菩薩名および神呪を授けてその毒を除いた故事をあげている。またこの経には呪術に長じた仙人のことや、旱魃や大水のときにこの経を読誦すると、竜が歓喜して慈雨や晴天をもたらすと記されている。ちなみにこの『孔雀王呪経』を用いて雨乞をしたのは大峰山で大蛇を退治して峰入《みねいり》を再開した聖宝《しょうぼう》（八三二～九〇九）が最初であるとされている。

一言主神と岩橋

一言主神はさきに述べたように『古事記』では雄略天皇が葛城山に登ったときに、天皇と同じ行列であらわれ、天皇に拝させた神とされている。そのとき一言主は「悪い事も善い事も一言で判断する神」と名のっている。このことは、一言主は一言で物事の善悪を判じる託宣神であることを示している。事実、福島県の葉山ののりわらや御岳講《おんたけこう》の中座の託宣は、善悪を示す一言で表現されている。ちなみに葉山ののりわらに憑《つ》く神は山の神であり、御岳講の中座に憑く神は山に祀られている講の始祖の霊神である。なお一三世紀後期になる『釈日本紀』では一言主神を高加茂氏の祖神である阿遅鉏高日子根神《あじすきたかひこねのかみ》（大国主神の子）としている。『出雲国造神賀詞《くにのみやつこのかんよごと》』では大己貴神《おおなむちのかみ》（大国主神の異称）が、この神を葛城の鴨の神奈《かんな》備《び》に祀るよう指示している。それゆえこの神は出雲―葛城系の祖神である山の神と推測される。ところで役優婆塞は多くの鬼神やこの神を使役して大和の金峰と葛城の間に岩橋をかけさせようとして、一言主神の託宣による讒言にあって伊豆に配流されている。もっとも役優婆塞は赦免後、一言主神を呪縛している。このことは彼が山の神や特定氏族の祖神を呪縛するより大きな験力を得ていたことを示している。

この岩橋架橋譚について、和歌森太郎は景戒が道昭の宇治架橋や行基の畿内の各地での架橋の史実をもとに創作したものとしている（和歌森太郎『修験道史研究』）。吉野の金峰山については、『続日本紀』文武天皇二年（六九八）四月二四日の条に芳野水分峰《よしのみくまりのみね》に馬を供えて雨を祈る記事がある。また広達の修行、吉野の比蘇寺での神叡《しんえい》（?〜七三七）などの法相宗の僧の虚空蔵求聞持《こくうぞうぐもんじ》法《ほう》の修行、竜門ヶ岳での大伴・安曇《あずみ》・久米の三仙人の修行など、山林修行者の道場として広く知られていた。事実、昭和五九年に行われた山上ヶ岳の大峯山寺大修理の際の発掘調査で、すでに奈良時代後期から山上ヶ岳の岩を御神体として護摩《ごま》をたくなどして祈願がなされていたことが解明された。

金峰山と葛城山

このこともあってか、五来重は金峰山の山林修行者が当時すぐれた山林修行者とされていた役小角を自分たちとも関係あるものとの神話を創っていて、それを受けて景戒が役小角による葛城から金峰への架橋譚を創作したと推測している。

これに対して近年中村宗彦は、この金峰は葛城山中の岩橋山あるいは金剛山をさすとの興味深い説を提示している。すなわち中村はまず『日本霊異記』における景戒の用字を丹念に分析して、彼が吉野の金峰山をはじめ、吉野比蘇寺など吉野に関することを述べるときには、吉野の地名を冠して大和を冠していないことを発見する。そしてこれをもとに彼が大和の金峰山といったときは、吉野の金峰山をさしてはいないとする。そのうえで現実に葛城山の支峰の岩橋山から金剛山に向かって橋板状奇岩があり、しかもこれはあたかも西南の金剛山に向かうようにのびていることに注目する。また和歌山県の串本や徳島県那賀郡椿村など各地に、鬼が一夜で架橋しようとして失敗する一夜工事の伝説があることを指摘する。そして大和の金峰山は金剛山、金剛峰を金峰と略記したのではないかとしている。たしかに平安時代に一夜で恋が成就しないことを示す歌枕としての久米の岩橋の意味を解するには、この解釈の方が適しているかもしれない。現に大和平野からは、男山と女山が並ぶ二上山《ふたかみやま》が美しく望見されるのである（中村宗彦「日本霊異記における役行者説話の再検討」〈『万葉』六九、昭和四三年〉）。

伊豆と富士明神

文武天皇三年（六九九）役優婆塞は伊豆島に配流された。このように『日本霊異記』では『続日本紀』と同様に配流地を伊豆島としているが、平安末の『扶《ふ》桑略記《そうりやつき》』や『水鏡《みずかがみ》』は伊豆大島としている。『日本霊異記』では役優婆塞は毎夜ここから富士山に飛行して修行したとしている。九世紀後半になる都良香《みやこのよしか》（八三四〜八七九）の『富士山記』にも役居《えんのこ》士《じ》が富士山の頂をきわめたとの記載がある。また同書では、富士山は削ったように峰が天にそびえ立つ高山で、神仙の居所とされ、承和年中（八三四〜四八）には、この峰から仙宮の珠玉が落下した。貞観一七年（八七五）一一月一五日に村人が山麓で祭りをしたところ、山頂で白衣の美女が二人舞うのが見えた。山頂は瓶のような窪地になっていて、神池があり、中央に虎の形をした岩があり、窪地の底から純青の気が噴《ふ》き出している。というように富士山は仙境ととらえられている。ちなみに平安時代になる『竹取物語』でも富士山は仙境として描かれている。

なお役行者が再度の一言主大神の訴えで処刑されようとしたときに、その剣の刃に富士明神の神文があらわれて、それによって許されたという話は、彼が修行により富士明神の加護を得るだけの力を得ていたことを示している。ちなみに時代は下るが平安末に成る『本朝世紀《ほんちようせいき》』の久安五年（一一四九）四月一六日の条には、駿河出身で伊豆箱根権現を創祀した末代が富士山頂に大日寺を開き、その後伊豆走湯《はしりゆ》の修験覚実《かくじつ》・覚台《かくだい》が富士で二五度にわたって修行したとしている。このことは役優婆塞の富士修行譚、伊豆の修験が富士山で修行し、やがては富士村山の修験を育む原動力となったことを示していると思われるのである。

役優婆塞譚の展開

平安時代中期には藤原道長らの貴族の金の御岳《みたけ》（吉野金峰山）詣《もうで》、後期には白河上皇以下歴代の院の熊野詣が盛行した。けれどもまだ修験集団が確立していなかったので、直接修験者の手になる役小角伝は見られない。ただ仏教説話集の『三宝絵詞《さんぼうえことば》』（『為憲記』）『本朝神仙伝』『今昔物語《こんじやくものがたり》』、文学書の『本朝文粋《ほんちようもんずい》』、歌学書の『俊秘鈔《しゆんぴしよう》』『奥義抄《おうぎしよう》』『袖中鈔《しゆうちゆうしよう》』、史書の『扶桑略記』『水鏡』に役小角伝承があげられている。以下これらの記述を『続日本紀』や『日本霊異記』とくらべてみると、それぞれ次のような特徴をもっている。

まず仏教説話をみると、源為憲《ためのり》（?〜一〇一一）が永観二年（九八四）一一月、幼年期に賀茂の斎院だった尊子《そんし》内親王のために選進した『三宝絵詞』の「法宝の二」では『日本霊異記』の話のはじめの部分に韓国広足《からくにのひろたり》の讒言を加えている。ただし伊豆島配流の直接の原因は一言主神の託宣によるとしている。また小角の処刑の際の奇瑞譚は見られない。なお本書には最後に「古人伝えていわく」として、母を鉢にのせ、自分は草座《そうざ》に乗って唐に渡ったこと、葛城山の谷の大岩に藤が縛ったようにまきついているのが、役行者に縛られた一言主神の姿で、いつもうなり声を発しているとしている。大江匡房《まさふさ》（一〇四一〜一一一一）の『本朝神仙伝』は都良香の『吉野山記』にもとづくと付記しているが、その内容はこの『三宝絵詞』の話をもとにしたものである。

一二世紀前半に成る『今昔物語』は『日本霊異記』の話を中核としているが、岩橋の話の前に「金峰山の蔵王《ざおう》菩薩は役優婆塞が行い出したものである」との一文を入れている。ただ、伊豆での小角の処刑と富士明神の加護の話はあげていない。

藤原明衡《あきひら》が長暦から寛徳（一〇三七〜四六）ごろに選した『本朝文粋』には、都良香の『富士山記』が引用されているが、そのなかに昔、役居士（役小角）が山頂に登ったことが記されている（『本朝文粋』巻一二）。また歌学書の『俊秘抄』『俊頼髄脳《としよりずいのう》』『奥義抄』（一二世紀前半成立）はともに「岩橋のよるの契《ちぎ》りもたえぬべし、あくるわびしきかつらきの神」の歌の解説の形をとっている。ただし『俊秘抄』と永久三年（一一一五）になる『俊頼髄脳』はともに岩橋をめぐる役行者と一言主の争いと、役行者の呪縛の話に重点をおいているのに対して、『奥義抄』はこれに加えて伊豆での処刑の際の奇瑞にもふれ、後述する『金峰山本縁起』にもふれている。

史書のうちの比叡山学僧皇円《こうえん》（?～一一六九）の手になる『扶桑略記』では『日本霊異記』の話、『三宝絵詞』（『為憲記』）、「役公伝」（後述する『金峰山本縁起』と同文）を紹介している。また一二世紀末成立の『水鏡』は冒頭に文武天皇三年五月に役行者を伊豆に配流したことを記したうえで、『日本霊異記』とほぼ同様の話をあげている。ただ処刑とそのときの奇瑞の記述はない。ただし最後に行者が渡唐して唐の第三の仙人となり、三年に一度葛城山と富士の峰に修行に訪れていることの話を付している。

古代の山岳修行者

既述のように平安時代には、葛城山や金峰山、さらに富士山で修行した役優婆塞の伝承が、仏教説話や和歌でとりあげられている。けれども白河上皇の院政期（一〇八六～一一二三年）になる往来物の『新猿楽記《しんさるがくき》』には、ただ一つの陀羅尼《だらに》の持者にすぎない昔の役行者や浄蔵貴所《じょうぞうきしょ》よりもすぐれた智行具足《ちぎょうぐそく》の生仏《いきぼとけ》のような修験者として、右衛門尉次郎君《えもんのじょうじろうのきみ》があげられている。この次郎の君は真言の道をきわめ、一〇回にわたって夏安居《げあんご》の行をし、陀羅尼を一〇万遍となえ、大峰・葛城の辺路を踏んで修行した法力に秀でた修験者である。それゆえ熊野・金峰・立山《たてやま》・伊豆走湯・比叡山根本中堂・伯耆大山《ほうきだいせん》・富士・白山《はくさん》・高野山・粉河寺《こかわでら》・箕面山《みのおさん》・葛川《かつらがわ》などの霊山の卓越した修験者も、彼と験くらべをするのをさけるほどであるとしている。ちなみに浄蔵（八九一〜九六四）は、笙《しょう》の岩屋から金剛蔵王の導きで金峰山浄土に行って大威徳天《だいいとくてん》（菅原道真）にあったとされる道賢《どうけん》の弟子で、やはり大峰で修行し藤原時平《ときひら》の病気の祈禱をしたとされる傑出した修験者である。

この『新猿楽記』の記述から当時役行者は傑出した陀羅尼の験者の一人とされるにすぎなかったこと、各地の霊山にも同様の修験者がいたことが推測される。事実、地方の主要な霊山では、羽黒山は崇峻《すしゅん》天皇の第三皇子参弗理《さぶり》（『羽黒山縁起』永治元年〈一一四一〉）、日光山は勝道（七三五〜八一七、空海「沙門《しゃもん》勝道、山水を歴《へ》て、玄珠を瑩《みが》くの碑幷せて記す」〈『性霊集』巻第二〉）、富士山は末代（『本朝世紀』久安五年〈一一四九〉四月一六日の条）、立山は大宝元年（七〇一）に熊を追って山に入った猟師（『類聚既験抄』）、白山は泰澄《たいちょう》（〈六八二〜七六七〉、『泰澄和尚伝記』九五八）、伯耆大山は出雲国玉造の猟師（『大山寺縁起』）、四国の石鎚山《いしづちさん》は八世紀中ごろ山麓で浄行につとめた寂仙禅師（『日本霊異記』）、彦山《ひこさん》は藤原恒雄《こうゆう》（忍辱比丘《にんにくびく》とも。『彦山流記』一二一三）というように役行者とは別の人物を開山としているのである。

このように地方霊山は当初はそれぞれ独自の開山をもつ修験道場として成立し、後述するように中世後期の修験道確立後になってはじめて、役行者のこれらの霊山での修行譚が創られたのである。

霊山の役行者伝承

金峰山の縁起

金峰山の修行者

金峰山《きんぶせん》ではすでに奈良時代に広達《こうたつ》・永興《えいこう》・高算《こうさん》らが修行している。平安時代に入ると、金峯山寺住僧の転乗《てんじょう》（?〜八四九）が蔵王宝前に詣でている（『本朝法華験記《ほんちょうほっけげんき》』）。また九世紀後半には聖宝《しょうぼう》（八三二〜九〇九）が吉野川に渡船を設けて金峰山の修行者の便をはかっている。彼は比蘇寺《ひそでら》（現世尊寺）に丈六《じょうろく》（一丈六尺）の弥勒《みろく》菩薩、一丈の地蔵菩薩を祀った。そして金峰山で六尺の如意輪観音《にょいりんかんのん》を造り、一丈の多聞天《たもんてん》と金剛蔵王《こんごうざおう》像を彩色している。聖宝は役行者の修行の後大峰山の峰入《みねいり》をさまたげていた大蛇を退治して、峰入を再興したともされている。ちなみに「修験」という語の初出も『日本三代実録』貞観一〇年（八六八）七月九日の条の「吉野郡の深山の道珠《どうしゅ》という沙門《しゃもん》は少年の頃から山に入って修行し、修験があるとされた」との記事なのである。

昌泰三年（九〇〇）七月と延喜五年（九〇五）九月には宇多《うだ》法皇も吉野に御幸している。中国の義楚《ぎそ》が編集した『義楚六帖』（九四五〜五四年ごろ成立）にも、金峰山は松・檜・名花・軟草のある霊地で、頂上には弥勒の化身《けしん》の金剛蔵王菩薩が祀られ、大小数百の寺がある。またこの山は女人禁制で、男子も三ヵ月間、酒・肉・女性を断ったうえで登ると記されている。平安時代には、蔵王権現の案内で金峰山浄土を遍歴した道賢《どうけん》（日蔵）をはじめとして、陽勝・浄蔵《じようぞう》・日円・相応《そうおう》・隆明・長円（天台）、空海・貞崇・蓮持《れんじ》（真言）、良弁《ろうべん》（華厳）、善珠（法相）、勤操《ごんぞう》（三論）らがこの金峰山で修行している。もっとも承和元年（八三四）から実施された「僧尼令」第一三条の「義解」に僧尼の山林禅行についてふれたときに、とくに金峰山の例があげられているように、すでに平安初期から数多くの山林修行者が吉野にいたのである。また藤原道兼（寛和二年）、藤原道長（寛弘四年）、藤原師通《もろみち》（寛治二年、同四年）、白河上皇（寛治六年）など数多くの上皇や貴族が御岳詣を行っている。

『金峰山本縁起』の成立

こうしたこともあってか、金峰山でもすでに当時すぐれた山林修行者として知られていた役小角《えんのおづぬ》の伝記『金峰山本縁起《きんぷせんほんえんぎ》』がつくられている。この縁起が収録されている『諸山縁起』は、鎌倉時代初期に大峰・葛城《かつらぎ》・笠置《かさぎ》に関する縁起類を集めて作られたもので、のちの修験道思想の先駆をなすものである。しかもこの『金峰山本縁起』は、その本文中に「今かの大宝元年辛丑（七〇一。役行者入寂の年—宮家）より以来、貞観十五年癸巳（八七三）に至るまで年を積むこと百六十三年なり」との記載があることからすると、平安時代には成立していたと考えられるものである。ちなみにその内容は平安末成立の『扶桑《ふそう》略記《りやつき》』に収録されている『役公伝《えのきみ》』とほぼ同じである。これらのことからこの役小角伝は当時山林修行者をはじめ多くの人々の間で信じられていたものと考えることができる。そこで以下、主として『金峰山本縁起』にもとづいて、この時代の金峰山の山林修行者の間に伝わっていた役小角伝の特徴を明らかにすることにしたい。

『金峰山本縁起』の内容

『金峰山本縁起』にあげられている役小角の伝承は次のとおりである。

(1)　役優婆塞《えんのうばそく》は大和国葛上郡《かつらぎのかみ》茅原《ちはら》村の人で、現在の高賀茂《たかかも》氏の出身である。（出自）

(2)　役優婆塞は藤皮の衣を着、松葉・花汁を食とし、三十余年間孔雀明王《くじやくみようおう》の呪を唱えて修行し、鬼神を使役する験力《げんりき》を得た。その呪力はわが国無双であった。（修行）

(3)　役優婆塞は諸国の神に命じて金峰山と葛城山《かつらぎさん》の間に橋を作らせようとした。金峰山の大神はこれに従ったが、葛城の一言主神《ひとことぬしのかみ》が自分の姿がみにくいゆえ、夜のみ働いたので橋がなかなかできなかった。（岩橋）

(4)　役優婆塞にこのことを責められた一言主神は、託宣によって「役優婆塞が皇位を傾けようとしている」と王宮に讒言《ざんげん》した。（讒言）

(5)　王宮では役優婆塞を捕えようとしたが、験力を持つ者ゆえ捕えられない。そこで母を捕えた。役優婆塞は母を救うために縛につき、伊豆島に流された。(配流)

(6)　役優婆塞は昼は王命に従って島に留まったが、夜は富士山で修行した。(伊豆での生活)

(7)　一言主神はその後さらに役優婆塞を殺すように託宣した。王宮ではこれに従い、彼を殺そうとした。死刑執行に際して、役優婆塞が執行者の刀を借りて自分の体を撫で、これを舐めると、「役優婆塞は賢聖ゆえ、赦免して崇めるように」との富士明神の表文があらわれた。(処刑と奇跡)

(8)　これに怖れ驚いた王宮では役優婆塞を赦免し、労《いたわ》り崇めた。(赦免)

(9)　役優婆塞は怨みを持って呪力で一言主神を縛った。現在も一言主神は縛られたままである。(一言主神の呪縛)

(10)　大宝元年(七〇一)正月一日、役優婆塞は母とともに唐に渡った。(渡唐)

(11)　役優婆塞は唐では四〇〇人の仙人のうちの第三座を占めている。(唐での役優婆塞)

(12)　道昭《どうしょう》が五〇〇人の賢聖の請を受けて、新羅の山寺で『法華経』を講じた。この中に役優婆塞がいた。彼は道昭に「恨みのゆえに日本を捨て、母を鉢にのせてこの国に来た。今は唐にいて八部衆を使役している」と語った。(道昭の法筵)

(13)　役優婆塞は三年に一度は日本に行き、金峰・葛城・富士で修行し、天皇に奉仕している。

（帰国修行）

以上の(1)から(13)までが、この『金峰山本縁起』の内容である。

この『金峰山本縁起』全体の展開は、上記の各項の終りに括弧で示した主題（モチーフ）のように、出自、修行、岩橋、讒言、配流、伊豆での生活、処刑と奇跡、赦免、一言主神の呪縛、渡唐、唐での役優婆塞、道昭の法筵、帰国修行という順序になっている。そしてその活動の舞台は、大和、東国（伊豆）、大和、唐、新羅というように展開しているのである。

役優婆塞と一言主神

ところでこの話の内容をみると、奈良時代の役小角伝承を示す『続日本紀《しよくにほんぎ》』の記事に見られる主題が『日本霊異記《りようい き》』の話にほぼ準拠する形でより具体化され、さらに変更や追加がなされている。すなわち、呪術師とされた小角の呪法は孔雀明王の呪であることが明示されている。また鬼神を使役して命に従わぬと縛するという一般的な記述が、葛城の一言主神などを使役して岩橋を架けさせ、それに従わず讒言をした一言主神を縛するというように具体的な話になっている。そして小角の能を妬《ねた》んで韓国連広足《からくにのむらじひろたり》が讒言するという話が、さきの岩橋譚と関連づけられて岩橋を作ることを命じられた一言主神が、これに従わずに讒言するというように展開している。さらに新たに小角の出自、富士の明神、道昭の法筵の話などが加えられている。

なかでもこの『金峰山本縁起』の役小角伝承にあっては、既述のように岩橋をめぐる役小角と一言主神との対立が全体を貫く大きなモチーフとなって、広足は姿を消している。そこで今『金峰山本縁起』を中心とする金峰山の伝承に見られる役小角と一言主神の二元的対立を表化すると次のようになる。

役小角	一言主神
①高賀茂役の君	葛城の明神
②鬼神を使役	託宣して讒言
③天界を飛行（入唐）	谷に留まる（地下）
④異形――一角	みにくい
⑤昼は恭順、夜は修行	昼は休、夜は仕事
⑥下の神（一言主神）の讒言	他の神の（役小角への）讒言
⑦天皇により捕縛	役小角により呪縛

こう見てくると、この両者はほぼ同じ性格をもっているが、小角が外来の宗教と関係をもち鬼神を使役するのに対して、一言主神が葛城の地主神で託宣神であるという点において根本的に異なっている。そして両者の関係をみると、山の神である一言主神を外来の宗教の影響を受けた役小角が使役し、呪縛している。これは平安時代に盛行し、験者や修験者が好んで行った憑祈禱《よりぎとう》における祈禱者と憑《よ》りましの関係を想起させるものである。小角が祈禱者で、一言主神はそれに使

役され、さらには護法神を憑《つ》けられて託宣する憑りましであったとも考えられる存在である。けれども一言主神は、役優婆塞に使役されることを拒否している。そして逆に自らが王宮の人に憑いて託宣する形で役優婆塞を讒言しているのである。

役優婆塞の呪法

こうした役優婆塞の験力の根源をなすと推測されるのが、彼が用いたという孔雀明王の呪である。孔雀明王は既述のように毒蛇を喰う孔雀を神格化した明王で、明王部の諸尊のなかではもっとも早く五世紀に経典が成立している。わが国でもすでに奈良時代から知られていた仏である。平安時代には孔雀明王の修法も知られており、祈雨・止雨・天変・怪異・病悩・出産などに際して行われていた。

私はこの孔雀明王の呪が役優婆塞によって用いられたとの伝承は、それが本来蛇を統制し、さらに祈雨・止雨の機能をもつことによると推測してみたいのである。すなわち当時農耕生活を支配する葛城や金峰の水分《みくまり》の神、その体現である蛇を統御するものとして、この孔雀明王の呪が用いられていたことを示すと考えてみたいのである。当山派修験の祖聖宝も孔雀明王の法を好んで行ったと伝えられるが、彼の場合にも金峰山で大蛇を調伏《ちょうぶく》した話が伝えられている。それゆえ役優婆塞が孔雀明王の呪を用いたとの伝承は、こうした水分の神を統御することが当時の験者たちによって重視されていたことを物語っているといえよう。岩橋を作るように命じられた金峰山の神や葛城の一言主神もこうした山の神であったのである。

このほかでは、役優婆塞が母が捕えられたので縛についたとか、母への恭順ゆえに昼間は伊豆で法に従ったとし、最後は母とともに渡唐したというように、とくに母と役優婆塞との親密な関係が過度に強調されていることが注目されるのである。また彼は伊豆から富士に飛んで修行したり、母を鉢に乗せて他界を示すと思われる唐に渡っている。こうした飛行は『孔雀王呪経』に孔雀明王の呪によって獲得しうるとされている飛行自在の神通によるとも解することができよう。あるいはまた道教の仙人がもつとされた飛行の力が修験者によって理想化されていたことを示すのかもしれない。なお平安時代の伝承では富士は他界への入口とされ、新羅や唐も他界として受けとめられている。それゆえ役優婆塞が新羅で道昭の法筵に連なったという話は、他界における役優婆塞の状況を物語っているものと考えることができるのである。

役行者の御影供

平安中期以降になると、最澄・空海をはじめ祖師の信仰が盛んになり、御影《みえい》供《く》が行われるようになった。金峰山の修験もこれにあやかって、役行者を宗祖にいただいてその報恩のための法会《ほうえ》を営むようになった。鎌倉時代末になる『金峰山創草記』には当時行われた金峰一山の法要が列記されているが、その一部にはその法会の開始年代が記されている。これを見ると、山下（現在の吉野山）では、蔵王堂で康和五年（一一〇三）から毎年三月七日に役行者の報恩のために曼荼羅《まんだらく》供がなされている。またほぼ同じころから鳥羽院の御願寺の一乗寺で役行者が渡唐した六月七日にあわせて御影供を行っている。その後山内に役行者の御影堂が建立された。そして嘉応元年（一一六九）の七月二六日からはこの御影堂で役行者御影堂供養がはじまっている。ちなみに同年の正月一日からは山下蔵王《ざおう》堂で、長日蔵王供養がはじまっている。

一方、山上蔵王堂（現在の山上ヶ岳の大峯山寺）でもやはり康和五年（一一〇三）から、六月六日の役行者御影供の山伏の出峰にあわせて、七日から八日にかけて、金剛界《こんごうかい》・胎蔵界《たいぞうかい》の曼荼羅供がなされている。またその前年にあたる康和四年から山上で、白河院の御願で夏中、長日蔵王供養法が行われている。すでにこのころには役行者が感得した蔵王権現を金峰山の主尊とする信仰が成立し、さらに大峰山系を胎金の曼荼羅とする思想も存在し、それにもとづいて役行者の報恩のために山下と山上の両蔵王堂で曼荼羅供が施行されていたと考えられるのである。ただ残念ながら、こうした法要に用いられた当時の役行者の彫像、画像は発見されていない。ちなみに昭和五九年に行われた大峯山寺（旧山上蔵王堂）の発掘調査によると、現在の同寺外陣に護摩壇《ごまだん》の遺跡があり、平安中期にはここに護摩壇を備えた堂宇があったことが推測されている。また当時の奉納物と思われる純金の阿弥陀坐像（像高二・八五㌢）と菩薩像（像高三・一二㌢）が発掘されている。

熊野修験の役行者伝承

熊野詣の盛行と修験

院政期（一〇八六〜一二二一）に入ると歴代の上皇や貴族による熊野詣《くまのもうで》が盛行する。その先鞭となったのは寛治四年（一〇九〇）の白河上皇の熊野御幸である。この折に上皇は先達《せんだつ》を務めた園城寺《おんじようじ》の増誉《ぞうよ》を熊野の本宮・新宮・那智の三山を統轄する熊野三山検校《けんぎよう》に、熊野三山を統《す》べていた別当《べつとう》の長快《ちようかい》を法橋《ほつきよう》に任じた。これによって熊野三山は中央の僧綱《そうごう》制とむすびつくことになったのである。もっとも熊野別当家は承久《じようきゆう》の乱のときに朝廷側についたことから、多くの荘園を失った。ただ熊野詣は地方の武士や土豪、その従者にと広まっていった。これは熊野で修行し各地を遊行《ゆぎよう》したり、地方に定着した熊野修験が先達《せんだつ》として各地の檀那《だんな》を熊野に導いたことによっている。

熊野三山には彼らを迎え、宿泊・祈禱・山内の案内にたずさわる御師《おし》が成立した。先達と檀那は御師に願文《がんもん》を提出することによって師檀関係を締結した。熊野三山それぞれには、熊野十二《じゅうに》所《しょ》権現と総称される神格が祀られた。それは、家津美御子神《けつみみこのかみ》（証誠《しょうじょう》殿・本地阿弥陀如来）、熊野結神《むすびのかみ》（西宮・千手観音）、早玉明神（中宮・薬師如来）の三所《さんしょ》権現と、若宮（十一面観音）、禅師宮（地蔵）、聖宮（竜樹《りゅうじゅ》）、児宮《ちごのみや》（如意輪観音《にょいりんかんのん》）、子守（聖観音）の五所王子、一万・十万（普賢《ふげん》・文殊《もんじゅ》）、勧請《かんじょう》十五所（釈迦）、飛行夜叉《ひぎょうやしゃ》（不動）、米持《めいじ》金剛（毘沙門）の四所明神からなっている。このほか大坂からの熊野詣道にそっては藤白《ふじしろ》・切目《きるめ》・稲葉根《いなばね》・滝尻《たきじり》・発心門《ほっしんもん》の五体王子をはじめとする九十九《つくも》王子が祀られていた。そして長寛元年（一一六三）成立の『長寛勘文《かんもん》』所引『熊野権現御垂迹《すいじゃく》縁起』では、熊野権現は中国の天台山の地主神の王子信が九州の彦山《ひこさん》、四国の石鎚《いしづち》山《さん》、淡路の諭鶴羽山《ゆづるはさん》、熊野の切目、新宮神倉《かんのくら》などをへて本宮に示現し、猪を追ってここにきた猟師の千与定《ちよさだ》に発見されたとしている。また時代は下るが一四世紀中期に成立の『神道集』では、インドの摩竭提国《まかだこく》の慈悲大顕王《じひだいけんおう》の一家が日本人を救済するために飛来して熊野権現となったとしている。この熊野権現を崇め祀って修行した熊野修験は、役行者を熊野と関連づける独自の神話を生み出しているのである。

役行者の熊野参詣

『諸山縁起』には「役行者の熊野参詣の日記」がおさめられている。これは熊野修験に伝わった口伝《くでん》を元永元年（一一一八）に必実房《ひつじつぼう》と応護房《おうごぼう》がまとめたと推測されるものである。

その内容は、役行者は天武天皇一二年（六八三）一九歳のとき葛城《かつらぎ》の二上山《ふたかみやま》に登り、さらに摂津の箕面《みのお》寺に赴き、滝本で一千日籠って修行したうえで、朱鳥元年（六八六）二月四日に箕面を出て熊野に向かった。そして雄津《おつ》の罪崎《つみさき》川（雄山峠の一瀬川か）で腐肉から不浄の血が流れているのを見て三宝を念じて陀羅尼《だらに》を唱え、『般若心経』をあげている。また仏法守護の忿怒神《ふんぬしん》である鶏倶津岐利《けいくつしり》から、三世の諸仏を念持して、川で沐浴《もくよく》して大中臣《おおなかとみ》の祓《はらい》をよんで心身を清めるようすすめられている。ついで行者は慈氏《じし》川（紀の川）で死体の流れている乱穢の中で水浴後、祓をしている。さらに進んで辻（藤白王子のところ）で出産中の女性と二人の童子にあい不浄を祓い、逆川（逆川王子のところ）で塩垢離《しおごり》と祓をして、死骸を食する足の不自由な老女を呪文によって飛び去らせている。また塩屋（塩屋王子のところ）では毒を発する魔魚を『般若心経』と呪によって去らせたうえで祓をし、切目（切目王子のところ）では道者を食する鬼女を神呪《しんじゅ》によって退散させている。

こうしていよいよ熊野の入口にあたる滝尻《たきじり》（滝尻王子）に着くと観音の水（右の川）、病を除く薬の水（左の川、阿閦《あしゅく》仏が水源）を浴びて、心身を清めている。そして近津湯《ちかつゆ》（近露王子）の水で不浄を祓い、湯川（湯川王子）の水で未来の罪業を祓い、本宮に着くと観音の脇を水源とする音無川、弥勒の膝を水源とする熊野川で水浴する。これによって弥勒の下生にまみえる資格を得たのである。

このように、役行者は葛城の二上山にのぼり、箕面の滝に籠るなどの修行をしたうえで、道中の難所の魔物を陀羅尼や『般若心経』によって去らせ、「中臣祓」や水浴で身を清めて熊野に詣でて、弥勒下生にまみえる資格を得ているのである。なお、この「役行者の熊野参詣の日記」によると、熊野詣では朝・昼・暮・夜に水浴をし、浄衣を着て、戒を持し、池・浜・谷・浦では垢離《こり》・祓《はらい》をすることを課している。そして熊野三所権現は、こうした儀礼をおさめた道者を保護し、その菩提を保証するとしている。

このほか『諸山縁起』には役行者が大峰山をでて、熊野詣道にある愛徳山《あいとくざん》（愛徳山王子のあるところ）に行く途中の熊野本宮の発心門のところで、百済の美耶山に住む香蔵仙人から熊野の本主の麁乱神《そらんしん》（三宝荒神）が、発心門（発心門王子）、滝本（滝尻王子か）、切目（切目王子）の三ヵ所で、熊野から下向する人の祈禱の利益をうばいとっている。これを防ぐには白檀香《びゃくだんこう》と大豆香《だいずこう》の粉を顔の左右につけ、金剛童子の三昧耶形《さんまやぎょう》である梛《なぎ》の葉をもっていけばよいと教えられたとの建久三年（一一九二）の年記のある記事をあげている。

真福寺本『役優婆塞事』

名古屋の真福寺には鎌倉時代後期に筆写された『役優婆塞事』と題された書物（端裏打付外題「役ウバソクノ事」）が所蔵されている。この縁起は、役行者が前生から欽明《きんめい》天皇と深いつながりがあったこと、熊野権現と蔵王《ざおう》権現の神告、『大峰縁起』・仏舎利《ぶっしゃり》・役行者誕生地の相伝などが記された独自のものである。このほか真福寺には国の重要文化財の『熊野権現金剛蔵王宝殿造功日記』、『熊野三所権現金峰山金剛蔵王縁起』（仮題）、『熊野三所権現金峰山金剛蔵王御記文』（仮題）、『熊野三所権現金峰山金剛蔵王降下御事』、『熊野三所権現王子眷属《けんぞく》金剛蔵王本位』の五軸が伝わっている。『役優婆塞事』はこの五軸と同一人が筆写したものであるが、なぜか室町末以降別置されている。

平成一〇年に刊行された川崎剛志の『熊野金峰大峰縁起集』には、この六軸とこれらをもとに編集したと推測される『大峰縁起』（天理本）が一括して翻刻されている。川崎はこの六軸が真福寺聖教《しょうぎょう》に加わった経緯について『役優婆塞事』の役行者誕生所・舎利相伝の記載のうちに親東大寺・反興福寺の姿勢が見られることから、東大寺東南院聖珍《せいちん》法親王から付法された真福寺第二世信瑜《しんゆ》和尚の代に東大寺との関わりで収書されたと推測している。

『役優婆塞事』の内容

本書には役優婆塞に関する伝承が混然と記されているが、全体を理解するために記述の順序に従って主題（モチーフ）ごとに要旨をあげておきたい。

(1)　役優婆塞の母は大伴金村《おおとものかなむら》に殺された大臣《おおおみ》の平群真鳥《へぐりのまとり》の娘である。彼女はこの殺戮《さつりく》の際大和国　葛上《かつらぎのかみ》郡茅原《ちはら》村に逃れて、高賀茂《たかかも》氏を名乗った。そして一九歳のとき『大峰縁起』を相伝した。（出自）

(2)　彼女は独身だったが二四歳のとき（五三七年一一月一日）熊野に参籠し、夜月を飲んだ夢をみて受胎した。同じ日にやはり二四歳の継体《けいたい》天皇の后は日（太陽）を飲んだ夢をみて受胎した。翌五三八年、二人は同じ日に相互に産胎の音を聞き、臍穴《へそ》から三筋の金色の光を発して出産した。真鳥の娘が生んだのは役優婆塞、継体天皇の后が生んだのが後の欽明天皇である。（受胎と出産の奇瑞《きずい》）

(3) 高賀茂氏の子は三歳になった八月一八日の正午に自分は不動明王の化身《けしん》と名乗り、継体天皇の后の子は同じ日時に観音の垂迹《すいじゃく》と名乗った。（前生）

(4) 高賀茂氏の子は九歳で出家し、役優婆塞と名乗り、一九歳のとき母から『大峰縁起』を相伝した。そしてそれを見てその年の一二月一八日に熊野に参詣して、インドの慈悲大顕王の垂迹の熊野権現から三生の行者であることを教えられた。（生育）

(5) それによると、その初生は仏弟子の慶磨童子《けいまどうじ》、二生はインドの慈悲大顕王の家臣雅顕《がけん》長者の姉の子の顕覚《けんかく》、三生が役優婆塞であるという。（三生）

(6) その年役優婆塞は大峰に入り金峰までの順峰をして、インドの金輪聖王《こんりんじょうおう》の垂迹の金剛蔵王権現を拝した。そして金峰で華供の峰、金峰から熊野までの逆峰の修行をした。（修行）

(7) 役優婆塞は三生のうち初生は骸骨を留めた。初生の骸骨は三重の岩屋に置かれている。（大峰山中の骸骨）

(8) 役優婆塞は『法華経』を読誦し、胎蔵界・金剛界の曼荼羅《まんだら》を所持した。（依経）

(9) 役優婆塞には義覚《ぎかく》・義玄《ぎげん》・義真《ぎしん》の三人の弟子がいた。（弟子）

(10)　役優婆塞は六四歳まで修行したあとさらに一三一年生きて、三僧祇百大劫《たいごう》をへた後、一九五歳の壬申の年（天平四年〈七三二〉）一月七日に天竺《てんじく》に帰った。（帰幽）

(11)　役優婆塞の誕生地の葛上郡茅原堂の福田寺領は三代の弟子の後九代にわたって相伝したが、その後興福寺に押領された。（福田寺領）

(12)　役優婆塞はインドから一六〇粒の仏舎利を持ちかえり、熊野本宮の孔雀明王の尾に安置した。そして『大峰縁起』の相伝者が三粒ずつとるようにした。ただ四代目の寿元《じゅげん》は三粒のうち一粒を東大寺の五重塔に安置した。（舎利相伝）

この『役優婆塞事』はいくつかの興味深い問題を含んでいるが、まずそのうちの役優婆塞が熊野権現に参詣したときに権現から教えられた三生についてより詳細に紹介しておきたい。

役優婆塞の三生

役優婆塞の三生のうちの第一生は、中天竺で、照王四年八月一八日に生まれた慶磨童子である。彼が二一歳になった照王二四年四月八日、浄飯《じょうぼん》大王の太子（釈尊）が母の摩耶夫人《まやぶにん》の右袖から出生した。太子は一九歳のときに出家して能忍《のうにん》と名乗った。そのとき三九歳だった慶磨もともに出家して智教《ちきょう》と名乗った。その後能忍は檀徳山に籠って六年間苦行し、三〇歳になると霊鷲山《りょうじゅせん》の麓、摩竭提国に住して、菩提樹下の金剛座で、天魔や外道《げどう》の妨げを退けて修行して悟りをひらいた。智教も太子の跡を尋ねて、檀徳山に入って四五年間にわたって修行した。

能忍は八年間、霊鷲山上で一乗の妙典を説いた。この間智教は能忍（釈尊）による『法華経』の説法を聴聞し、十地の等覚位《とうがくい》を得た。ただ能忍は一切の説法をおえて、七九歳の二月一五日夜半涅槃《ねはん》に入った。そのとき智教は九九歳だったが、釈尊の荼毘《だび》に参加し、舎利を二粒受けたうえで、翌一六日の暮に死亡した。なお智教は身長六尺五寸で、死後骸骨を留めたという。ここでは役優婆塞の初生が仏弟子の智教とされているのである。

さて智教はその後三四七年間を浄土で過ごしたが、ふたたび衆生《しゅじょう》を救うことを考えて、インドの真覚《しんかく》長者と結婚していた摩竭提国の慈悲大顕王の家臣雅顕長者の姉の胎内に宿り、崇神《すじん》天皇三五年（紀元前六三）一二月八日に誕生した。これが第二生である。彼はなぜか三歳になるまで両掌を開かなかった。そして三歳になった年の釈尊入滅の日にあたる二月一五日、左右の掌を開いた。すると掌中に二粒の仏舎利があって、金色の光明をはなった。そこで、菩提樹下で修行していた金剛三蔵が塔婆を建立して、その舎利を求めたところ、舎利はその塔に飛入って釈迦と多宝の二仏となった。そして金剛三蔵が香花・灯明・飲食を供え、一乗の妙典をあげて、釈迦の滅後の在所を聞くと、霊鷲山であると答えた。その後二仏は砕けて、一六〇粒の舎利になった。

さて真覚の子は一九歳になると出家して顕覚と名のり、一〇〇〇日間にわたって件《くだん》の舎利を供養した。また二三歳からは霊鷲山に入って、釈尊の八年間の一乗妙典の説法にちなんで、八年の間『法華経』書写の修行をした。そして景行天皇二年（七二）一三五歳で入滅した。その身長は七尺五寸、死後は骸骨を留めなかったとしている。ここでは、役行者の第二生が雅顕長者の姉の子とされているのである。

第三生は二生の顕覚が浄土に赴いてから、一二四七年のちに日本で生まれた役優婆塞である。その誕生は欽明天皇と同日同時である。欽明天皇はむかし役優婆塞とともに中天竺で釈迦がはじめて成道《じょうどう》したとき、七ヵ所でなされた八回の法会で『華厳経《けごんきょう》』の説法を聞いて、法界唯一心の経文に随喜し、この功徳《くどく》によって日本の国王に生まれた。そして後生は補陀落《ふだらく》世界に往生して、つねに阿弥陀如来とともに無量寿国《むりょうじゅこく》（阿弥陀仏の浄土）に遊んだ。

役優婆塞は第一生ではインドで釈迦の行徳や教法に帰依《きえ》して、鷲峰・檀徳の両山を護った。第三生の今度は日本国で仏法と王法を護らねばならない。インドと日本は場所は異なっているがいずれも過去の釈迦が長期間にわたって説法してきたところである。大峰は釈迦の霊鷲山での八ヵ年の説法を聞いた同門衆のいるところである。また『法華経』書写の行人《ぎょうにん》のいるところでもある。もし自ら『法華経』を書写したり、人に教えて書写させると、その人は功徳を得ることができる。仏の智恵ははかりがたいほど大きいものである。それゆえすみやかにこの峰で修行して国中の衆生を引導するように、との熊野権現の神託を与えられたのである。

このように役優婆塞が一九歳の一二月一八日に熊野に参詣したとき、熊野三所権現が下向して、上記のようにその三生のそれぞれについて話し、汝は三生目の行者ゆえ、初生と二生のように霊鷲・檀徳の両山にあたる大峰山で『法華経』の修行をして日本に仏法をひろめ、王法を守り、衆生を引導するように命じたのである。

役行者の大峰修行と本願

役優婆塞はこの熊野権現の神託に従って一二月晦日、南の熊野から大峰山に入って修行した。そして一〇〇日間抖擻《とそう》して、四月一一日に金峰山《きんぷせん》に到着し、金剛蔵王権現を拝した。後世に順峰と呼ばれる峰入《みねいり》をしたのである。すると金剛蔵王権現からも熊野権現と同様の神託を与えられた。そこで、彼は金峰山に留まって一夏《いちげ》九旬（四月一五日〜七月一五日）の間、谷の水を汲み、峰の花を採って三世の諸仏を供養した。さらに、七月一六日からまた峰に入って、七〇日をかけて熊野までの逆峰の修行をした。爾来《じらい》、役優婆塞は六四歳になるまで四五年間にわたって胎蔵界・金剛界の両部になぞらえた大峰山で『法華経』を読誦し、順逆三三度の峰入を行った。なお行者は身長は八尺もあり、大峰山中の三重の岩屋を居拠とした。そして不動明王の化身とされたこともあってか、つねに二尺五寸の剣を持ち、不浄のところを歩くときは地上から三尺上の空中を進み、海上も平地のように歩いたという。なお彼には、義覚・義玄・義真の三人の同行者がおり、義覚は索《さく》、義玄は杖《じょう》、義真は八葉の蓮華をもってつかえたという。

ところでこれらの修行や衆生の引導に際して役行者が示した本願は「自分は熊野権現や金剛蔵王権現の教えに従って、釈迦と同様の修行をし、その教えをとき、修行者を妙法最勝《みょうほうさいしょう》の峰に結《けち》縁《えん》させ、日本の衆生を浄土に導くことである。それゆえ、自分に従い、大峰山で修行する者は『法華経』の〈薬王品《やくおうほん》〉に説かれているように病を消滅して不老長生を得、また〈信解品《しんげほん》〉にあるように財産を得ることができる」というものであった。さらに峰入や加持祈禱《かじきとう》に際しては、不動明王の呪をとなえれば、必ず、悪霊・邪気や魔を退けることができるとも説いている。

こうして四五年間にわたって六四歳まで大峰山で修行して衆生を導いた役行者は、六七歳になったときに二一日間かけてインドに行って、第二世のとき金剛三蔵が建立した塔婆におさめた一六〇〇の仏舎利を日本に持ち帰って、熊野本宮に安置した。そして一〇〇〇日間にわたり、この舎利に香花を供え、讃嘆し、さらに孔雀明王の尾根のそばに祀った。また今後『大峰縁起』の相伝者に三粒ずつこの舎利を取らせることにした。

ところで役優婆塞の誕生地に設けられた茅原堂福田寺は、北は高賀茂氏の福田寺名《みよう》の石井、南は高賀茂氏居所の新井郷、西は葛城の峰、東は小山の際を四至《しいし》とする領地を与えられた。この土地は役優婆塞の血脈者に九代にわたって継承されたが、その後興福寺に押領されたとしている。

『役優婆塞事』の特徴

さて、この『役優婆塞事』にあげられている役行者伝承には正史に説く伊豆配流もなく、箕面《みのお》での竜樹《りゆうじゆ》からの受法、二鬼随従など一般の修験道の開祖としての役行者伝に見られる話もまったく含まれていない。その中核をなすのは役行者の三生譚であり、わが国での役行者の活動も第一生、第二生に位置づけて説明されている。この三生の宗教活動は基本的には出家し、釈尊の教えのもとに霊鷲・檀徳の両山で『法華経』修行をし、十地の等覚位を得、仏舎利を継承するというように、同じ構造をとっている。

その際、初生では釈尊の教えに従って檀徳山で修行している。室町期の『修験指南鈔』などで役行者の本縁を仏弟子の迦葉《かしょう》になぞらえているのは、これに対応する。つぎに雅顕長者の甥と生まれた二生でも釈尊のあとをしたって霊鷲山で修行している。ただこの二生をやはり室町期の『両峰問答秘鈔』に説くように雅顕長者とすると、彼に大峰での修行の仕方を示したのは、釈尊の意を介した熊野権現の本縁である慈悲大顕王、さらには蔵王権現の本縁の金輪聖王ということになる。そして三生の役行者は熊野権現・金剛蔵王権現の本縁を記した『大峰縁起』を母から授かったうえで、それを見て熊野におもむき、熊野権現と蔵王権現の指示に従って、今度は檀徳・霊鷲の両山をうつした大峰山で修行している。さらにこの役行者の大峰修行は順峰・逆峰・花供の峰入の淵源をなすとされている。このように、第三生の役行者の修行の契機は、母からの『大峰縁起』の相伝におかれているのである。

『役優婆塞事』と『大峰縁起』

この『役優婆塞事』によると役優婆塞は、母から相伝した『大峰縁起』を見て熊野に赴き、そこで熊野権現から自己の三生を教えられ、大峰修行をするように求められている。そして、彼の継承者はこの『大峰縁起』、彼がインドから持ち帰った仏舎利、彼の生誕地の福田寺領を継承したとしている。とくに『大峰縁起』は延久二年（一〇七〇）八月一日に熊野本宮証誠殿に安置され、熊野山伏の長円《ちょうえん》がそれをもとに熊野権現の縁由を白河上皇に説明したことから、寛治四年（一〇九〇）の熊野御幸が実現したとされている（『熊野権現金剛蔵王宝殿造功日記』）。上皇は熊野本宮でこの縁起を見て先達をつとめた園《おん》城《じょうじ》寺の増誉《ぞうよ》を熊野三山検校に、熊野三山別当の長快を法橋に補されたのである。上皇はさらに『大峰縁起』に導かれて寛治六年（一〇九二）には金峰山に御幸している。爾来《じらい》、上皇や貴族は熊野御幸のたびに、熊野本宮御宝殿で『大峰縁起』を見ている。

川崎剛志は本項で紹介した『役優婆塞事』を含む真福寺本「熊野金峰縁起群」は『大峰縁起』の素材をなすもので、現存の天理本の『大峰縁起』はこれらをもとに新たに編集されたものと推測している。

『役優婆塞事』の構造

ところで、この『役優婆塞事』を含む「熊野金峰縁起群」や天理本『大峰縁起』では、基本的には大峰山・熊野権現や金剛蔵王権現・役優婆塞の本縁を、釈尊あるいは仏教に関連をもつインドの王族やその臣下に求める論理で貫かれている。すなわち熊野権現や金剛蔵王権現の本縁に関しては、まずその淵源をなす釈尊そのもの、ついでその子孫の慈悲大顕王・金輪聖王など王族とし、この王族が日本の王法を守り、仏法をもたらすために飛来して垂迹したのが熊野権現・金剛蔵王権現であるという三段階の論理展開をとっている。もっとも慈悲大顕王・金輪聖王は天照大神《あまてらすおおみかみ》の子孫で、日本への飛来に際しては、天照大神と神武《じんむ》天皇の承認を得ているのである。

神格の本縁が三段階であるのと同様、それへの奉仕者も、役行者の三生に見られるように三段階をとっている。その第一生は釈尊の弟子、第二生は慈悲大顕王の家臣、第三生は役優婆塞である。この役優婆塞の三生はのちの『両峰問答秘鈔《りょうぶもんどうひしょう》』などになると、迦葉・雅顕長者・役行者というようにより明確化する。

ところでインドの王族の飛来と垂迹はその家臣の奔走によって、天照大神や神武天皇など、日本の総鎮守や王族の承認を得て行われている。ただこれはあくまで幽界での出来事である。ところがこの神が示現するのは、熊野の場合などでは、獲物を追ってきた猟師の目前である。というより、神が眷属の動物に猟師をいざなわして、その姿を示して、彼と宗教者に祀らせたといった方が的確である。いずれにしろ、主役は庶民なのである。その際、この猟師は熊野本宮長床《ながとこ》衆の祖とされている。修験道の祖とされる役優婆塞が登場するのはこのあとのことである。しかも役優婆塞は上記のことを記した『大峰縁起』を母から相伝し、それにもとづいて熊野を訪れ、権現から啓示をえて順峰・逆峰・花供の峰の大峰修行をしているのである。そしてそのあとインドに一六〇の舎利をとりに行って、以後自己の系譜をひく一〇代の山伏に縁起とともに相伝している。ともあれ、こうした展開をへて、役優婆塞が修験道の峰入の基本をなす順峰・逆峰・花供の峰、『法華経』修行をはじめたとの熊野修験の伝承が成立しているのである。

『役優婆塞事』の背景

『役優婆塞事』には、さきにふれたようにそのおわり近くに役優婆塞の誕生地の大和国葛上郡の茅原堂の福田寺領がその後九代にわたって相伝されたが、この土地が興福寺によって押領されたとの記載が認められる。ところでこの『役優婆塞事』も含むと思われる『大峰縁起』の史料上の初見は、文治二年（一一八六）に僧行俊《ぎょうしゅん》が『大峰縁起』の記載をもとに、自分は役優婆塞の後胤ゆえ、その誕生地の石井荘を所有する権利があると主張したという史実である。こうしたこともあってか、福田寺領の四至の北限に石井荘をあげている。また延久二年（一〇七〇）八月一日に『大峰縁起』が本宮の証誠殿御聖体間に安置されたとするのは、所属の不明確な荘園を停止した同年の後三条天皇の荘園整理令以前から石井荘が『大峰縁起』に記されていて、役優婆塞の後継者の行俊が正当に相続した荘園であることを示すための創作とも思われるのである。これに対して文治二年二月五日付の興福寺俗別当の政所《まんどころ》下文《くだしぶみ》は、行俊の非を判じて、活動を停止させるよう命じている（春日神社文書、一二一五号・五一七号）。このこともあってか『役優婆塞事』では、役優婆塞以来その後継者が相伝の荘園が興福寺に押領されたとしているのである。また、これを契機に大和の修験が東大寺に接近したことを示すのか、役優婆塞の四代目の弟子の寿元が自己が受けた三粒の舎利のうちの一粒を東大寺の五重塔におさめたとしている。事実近世の当山派の『極深秘法脈』には、その初期に東大寺行果《ぎょうか》の名があるが、興福寺の修験は一人もあげていないのである。

この『役優婆塞事』の記述で今一つ注目されるのは、役優婆塞の母と欽明天皇の母がまったく同じ年月日に受胎・出産していることである。その際、両者の出生は戊午《つちのえうま》の年（五三八）とされているが、これは百済の聖明王《せいめいおう》から仏像と経論が朝廷に献じられた年である。それゆえ、この日を両者の出生の日としたのは、役優婆塞が欽明天皇の意を受けて仏法を広め、王法を守ることを意味していると考えられるのである。このことは『役優婆塞事』も含む『大峰縁起』全体についてもいいうることなのである。すなわち『大峰縁起』の意図は、熊野権現や金剛蔵王権現は釈尊やその弟子の流れをひくインドの王族や宗教者が、天照大神や神武天皇の承認のもとに日本に垂迹した神格であることを示すことにあったと考えられる。そして熊野の修験者は、これを熊野御幸した上皇や参詣者に見せることによって自己の信ずる神格が仏教の正統をつぎ、しかも王権を守るものであることを説こうとしたのかもしれない。このように熊野の修験者は王権につらなる人々に役優婆塞以来自分たちの奉ずる熊野権現が王法を守るもので、自分たちはその奉仕者であることを訴えることによって、その正統性を主張したのである。もちろんこれとあわせて今一方では役優婆塞に従い大峰で修行する者は病を消滅して不老長生を得、財産を得ることができるというように、現世利益《げんぜりやく》的な唱導も試みていたのである。

大峰山の役行者伝承

役行者の七生

平安後期から鎌倉初期にかけては、金峰や熊野から大峰山中へと抖擻《とそう》したり、山中の窟に籠って修行する修験者があらわれた。『本朝法華験記《ほんちょうほっけげんき》』には大峰山中の僧房で童子・鬼神・動物の助けを受けて、『法華経』を読誦しつづけた旧比叡山僧の聖《ひじり》（一一話）、四人の異形《いぎょう》の人物の守護のもとで持経の修行をした沙門蓮長《れんちょう》（六〇話）をあげている。このほか、熊野三山検校《けんぎょう》の行尊《ぎょうそん》（一〇五四～一一三五）や覚忠《かくちゅう》（一一一七～七七）、歌人の房覚《ぼうかく》・西行《さいぎょう》も大峰山で修行している。このことはすでに当時大峰山中に山人的性格をもつ山林修行者がいたことを示している。彼らは役小角《えんのおづぬ》を理想的な行者と崇《あが》めて役行者と呼び、独自の役行者伝承を生み出している。そこで彼らの断片的な口伝の中に見られる役小角伝承をとりあげてみることにしたい。

大峰山中の山人的な修験者の間では、役行者は大峰山中で七度生をかえて修行したとしている。鎌倉時代初期に成る大和郡山の松尾寺蔵の『大菩提山等縁起』(「修験道史料集」II所収)には、役行者の六生として次の六人をあげている。

第一生　西空聖人《さいくうしょうにん》　大和茅原《ちはら》の人。大火舎の石屋に住み、孔雀明王《くじゃくみょうおう》の呪、般若心経を読誦し、八曼荼羅法を修した。

第二生　院誠行者《いんじょうぎょうじゃ》　大和国の人(地黄人)。吹越《ふきごし》に金剛童子を顕わした。不動慈救呪《じくのじゅ》十万遍を誦し、深仙の行道峰(現、行道岩か)の下に一尺二寸の磬《けい》を安置した。

第三生　尊隆《そんりゅう》行者　大和国広瀬の人。毎日、般若心経と不動慈救呪一万遍を誦した。水飲《みずのみ》峰で死亡し、その骸骨は神福寺の峰に納められた。河内国石川生まれの同行の阿聖《あしょう》聖人が申《さる》歳の七月七日に骸骨から三鈷を取得した。

第四生　西雲《せいうん》聖人　奈良の人。阿弥陀経一千巻、法華経の往生行を修した。同行の阿聖が西雲の遺骨を東屋《あずまや》峰・仙洞《せんどう》・辻峰《つじみね》の三ヵ所に安置した。

第五生　政興《せいこう》(のちに願行と改名)　伊賀国の人。目平地の池峰に金剛童子を顕わした。孔雀明王の呪、孔雀明王経を誦した。深仙《じんぜん》の南の滝の石屋で往生した。

第六生　役行者　茅原生の人。吉野川の川原に金剛蔵王を顕わした。毎日、般若心経一千巻、孔雀明王の呪、慈救呪十万遍を誦した。

なお本書には六生しか見られないが、鎌倉末の嘉暦三年（一三二八）七月に堯海《ぎょうかい》が大峰山中の青笹宿で書写した「役行者七生次第」（『青笹秘要録』修疏II）には、六生として大和のエムノ行者をあげている。ちなみに、時代は下るが、近世初期に成る『箕面《みのお》寺秘密縁起』（滝安寺蔵、『修験道史料集』II）に、第五生のあとに六生としてあげている大和国広瀬の延能《えんのう》行者がこのエムノ行者にあたると考えられる。この西空・院誠・尊隆・西雲・政興（願行）・延能・役行者は、鎌倉期に入って役行者が修験の開祖として崇められるようになる以前に修行していた修験者と考えられるのである。

大峰山中の役行者

『諸山縁起』所収の「先達の口伝」によると、役行者は上記の七生のうちの三生をかけて、大峰山中の神仙岳に三重の岩屋を建立した。この岩屋の初重には阿弥陀曼荼羅《まんだら》、中の重には胎蔵界《たいぞうかい》曼荼羅、上の重には金剛界《こんごうかい》曼荼羅が掛けられ、それぞれの重に大壇が設けられていて、その上に石で作られた閼伽《あか》器、五具（華瓶・燭台各二、香炉一）、鈴《れい》杵《しょ》、橛《けつ》が置かれ、五色の糸で囲まれていた。また各重に閼伽の井があった。このうちの上の重には、九尺五寸の第三生の役行者の御影《みえい》を掛け、東北の角に岩棚を設けて、二通の縁起を入れた七宝で飾った箱が置かれていた。そのうち一通（二五枚）には後述する役行者の千塔塔婆供養の話、もう一通（二六枚）には大峰山の根源、熊野権現の由来、金剛蔵王の出現、役行者の本縁などが記されていた。

役行者は神仙岳に居を定めていた。その近くには、八角の石の行者の手水の井戸があった。行者はここから毎月七日に蔵王権現の霊窟に赴いて、三尺の蔵王の石像を拝した。また毎月一五日には三重の岩屋の阿弥陀仏を拝した。神仙岳から常人には一日ばかりの行程の宝塔ヶ岳の岩屋には行者の母（山の神と思われる）がいた。行者は日夜三時にこの母のところを訪れた。大峰山中の仙洞に剣と金剛杵《こんごうしょ》をもった九尺五寸の骸骨があった。行者は夢告によって、この骸骨が自己の第三生のものであることを知り、その指示に従って、千手陀羅尼《だらに》を五遍、『般若心経』三巻を誦して祈念して、剣と金剛杵をとりあげた。そして骸骨は三重の岩屋の上の重に安置した。

ところで『諸山縁起』の大峰山中の霊地への奉献者をあげた「大菩提山（大峰山）仏生土要の事」の条によると、役行者は現在の前鬼《ぜんき》の両界窟あたりと思われる胎蔵界の一百八臂《いっぴゃくはっぴ》金剛蔵王菩薩の峰、虚空無遍超越《こくうむへんちょうおつ》菩薩の峰（前鬼三重滝）に、それぞれ『法華経』一部を納めている。また金剛界の最上地とされる仏頂山毗盧遮那如来《ぶっちょうざんびるしゃなにょらい》の峰に『法華経』一部とその他の諸経を納めている。ちなみに役行者から四代の後胤で彦山《ひこさん》を開いたとされる寿元《じゅげん》は役行者が常住したとされた金剛界の虚空蔵菩薩の峰の岩屋（小篠の宿か）に卒塔婆を二〇立てて行者の供養を行っている。

役行者の千塔塔婆供養

孝心の篤い役行者は、大峰山中で両親の供養のために唐の第三の仙人である北斗大師を招いて千塔塔婆供養を行うことを計画した。そして三月一二日の寅の刻（午前四時）に神仙を出て、翌一三日の同じ刻に入唐して、北斗大師に千塔塔婆供養の講師を依頼して同日に帰国した。これに応えて、北斗大師は一五日の寅の刻に葛城の神仙の峰に到着した。大峰からは金剛童子が迎えに参上し、大峰山の空鉢ヶ岳に案内した。そして一〇〇〇基の塔婆を立てて同日の午《うま》の刻（正午）に法要、申の刻（午後四時）に講会を行った。講会の読師は伊予国温泉郡の智延《ちえん》が務めた。そして大峰山中に住む三八〇人の仙人が聴衆として参加した。法要と講会の終了後、行者が諸天善神にこれによって孝養の誠がつくされたならば、その証《あかし》としてこの塔婆を隠し納めるように祈念した。すると紫雲がたなびいて塔婆を隠してしまった。そしてそのとき以来大常光童子《だいじょうこう》がこの霊地を守護している。これが今の大日ヶ岳（五智岳、仙岳ともいう）であるとしている。

このように『諸山縁起』によると役行者は大峰山中で三重の岩屋をつくり、そこを拠点に蔵王権現、阿弥陀、山の神を思わせる母を拝している。そして山中で『法華経』の納経、陀羅尼や『般若心経』の読誦などの修行をしたとしているのである。

修験道確立期の役行者伝

鎌倉時代の役行者伝承

鎌倉時代の修験道

鎌倉期から南北朝期にかけては、吉野の金峯山寺《きんぷせんじ》、二上山《ふたかみやま》の当麻寺《たいまでら》など大和の寺院の多くは興福寺の末寺となっていた。これらの寺院は一山の中核をなし法会《ほうえ》や学問を旨とする学衆《がくしゅう》（学僧）、これを助け堂舎の管理や勧進《かんじん》にあたる堂衆《どうしゅう》、聖《ひじり》や行人《ぎょうにん》から成り立っていた。このうちの堂衆、聖・行人には修験が含まれていた。これら各寺の修験は興福寺の東・西両金堂の行衆《ぎょうしゅう》を頭にいただいて結衆《けっしゅう》を形成して、金峰・大峰・熊野・葛城《かつらぎ》などで峰入《みねいり》修行した。

その組織運営は『東金堂細々要記《ひがしこんどうさいさいようき》』や『大峰当山本寺興福寺東金堂記録』によると、興福寺の学衆の中臈《ちゅうろう》が末寺の修験に関する通達を東西両金堂の行衆に、二上山の当麻寺・高尾寺・向谷寺と法隆寺別院の松尾寺を通して伝えて実行させる形式をとっていた。これらの修験は、六月二九日に当山と通称された金峰（吉野）に峰入し大峰をへて熊野に詣で、さらに葛城山系を金剛山から二上山まで抖擻《とそう》して、二上岩屋で大念仏を施行して行満《ぎょうまん》とする峰入を行っていた（徳永誓子「修験道当山派と興福寺堂衆」〈『日本史研究』四三五、平成一〇年〉）。ちなみに二上山の南西麓にあたる葉室《はむろ》郷（河南町太子町）の太子堂では南北朝期に数多くの熊野先達《せんだつ》が活躍している。

また同じころ法隆寺でも、修験が大峰をへて熊野詣を行っていた。こうしたこともあってか、醍醐《だいご》寺蔵の『聖徳太子伝記』には聖徳太子が熊野権現から袈裟を賜る話をあげている。また南北朝初期になる聖云《しょううん》撰の『聖徳太子伝記』の注釈書『太鏡鈔《たいきょうしょう》』（慶応義塾大学図書館蔵）の裏書には、さきにあげた、真福寺蔵の『役優婆塞事《えんのうばそくのこと》』所載の役優婆塞と欽明《きんめい》天皇の受胎と出生譚があげられている。また『諸山縁起』所掲の「役行者の熊野参詣の日記」に二上山にいた役行者が異相を見て訪れて一千日籠山した箕面《みのお》寺は元亨二年（一三二二）成立の『元亨釈書《げんこうしゃくしょ》』には、竜樹《りゅうじゅ》の浄刹《じょうさつ》とされている。

これらの中央の修験霊山の修験者たちは役小角《えんのおづぬ》を修行の理想として、尊崇の念をこめて役行者、と呼んでいた。それのみでなく、正嘉《しょうか》元年（一二五七）になった『私聚百因縁集《しじゅひゃくいんねんしゅう》』に「山臥《やまぶし》の行道は源を尋れば、皆役行者の始めて振舞ひしより起れり」と記されていることや、『元亨釈書』に「方今大峰の嶮巇《けんき》を攀《よじ》つて葛嶺の深邃《しんすい》を撥ふ者は皆役を祖述し、形服を以てして懐を易へざるなり、嗚呼《ああ》役の化迹《けしゃく》盛なる哉」とあるように、当時の宗教界全体においても、役小角が山伏の祖として受けとめられるようになっていたのである。

もっとも鎌倉時代にはまだ修験者の手になるまとまった形の役小角伝は出現していない。ただこの時期にも数多くの書物に『日本霊異《りょうい》記』や『金峰山本縁起』の流れをひく役小角の説話が載せられている。また、このほかに金峰山・熊野・箕面・当麻寺などのちに修験者の拠点となった諸山と関係した個別的な役小角伝承や、これらを包括した役小角伝もあらわれている。そこでまずこの時期における役小角伝承をおさめた資料を紹介しておくと、史書には『帝王編年記』『一代要紀』『古今著聞集《ここんちょもんじゅう》』、仏教書には『渓嵐拾葉集《けいらんしゅうようしゅう》』『私聚百因縁集』『参語集』『沙石集《しゃせきしゅう》』『真言伝』、文学書には『源平盛衰記』、顕昭《けんしょう》の『袖中鈔《しゅうちゅうしょう》』がある。このほか修験道の『金峰山秘密伝』にも、役小角伝承があげられている。

諸書の役行者伝

これらの諸資料に見られる役小角の伝承を相互に比較してみると、次のような傾向を指摘することができる。まず『帝王編年記』と『一代要記』は冒頭に文武天皇三年（六九九）に役小角を伊豆に配流したとの記事をあげ、そのあとに『日本霊異記』型の伝承を記している。これに対して『元亨釈書』、顕昭の『袖中鈔』、『源平盛衰記』などは『金峰山本縁起』の伝承を踏襲している。これらに対して『古今著聞集』には、当麻寺への役行者の寄進と金剛蔵王《ざおう》権現感得譚、『沙石集』には『金剛蔵王権現感得譚』『奥義抄《おうぎしょう》』には岩橋の話、『渓嵐拾葉集』には役行者の天川《てんかわ》弁財天での修法のみが断片的にあげられている。ただ『参語集』の「役行者の事」は、真福寺本

『役優婆塞事』の影響を受けつつ、大峰の修行にもふれた独自のものである。一方『真言伝』の「役優婆塞伝」は『金峰山本縁起』をもとにしつつも、箕面での役行者の修行をくわしく記している。また『私聚百因縁集』の「役行者事」は当麻・箕面・蔵王権現を含む包括的なものである。そこで以下鎌倉期の役行者伝承でとくに重視された役行者の当麻寺への寄進、箕面での修行、金剛蔵王権現感得の話を紹介したうえで、この時期を代表する役行者伝として『私聚百因縁集』所収の「役行者事」を紹介することにしたい。

当麻寺と役行者

二上山の当麻寺（奈良県北葛城郡当麻町）は鎌倉時代以降、中将姫《ちゅうじょうひめ》が蓮糸で編んだ「当麻曼荼羅」（阿弥陀浄土変相図《じょうどへんそうず》）で広く知られている。この曼荼羅は、銘文帯に天平宝字七年（七六三）の年紀があることから、奈良時代にさかのぼると推定されている。建長六年（一二五四）に橘成季《たちばなのなりすえ》が編んだ『古今著聞集』の巻二、釈教第二・三六「横佩大臣女《よこはぎのおとどのむすめ》当麻寺と当麻寺曼荼羅を織る事」は中将姫の説話を記したものであるが、その前半に役行者と当麻寺のことが記されている。

それによると、当麻寺は当初は推古天皇の御代（五九三〜六二八年）に麻呂子《まろこ》親王が異母兄の聖徳太子にすすめられて交野《かたの》山田郷に建立した勅願寺で、万法蔵院《まんぽうぞう》（禅林寺）と称された。その六一年後、夢告により、役行者が修行した当麻の地に寺を移すことになった。そのとき金堂に一丈六尺の弥勒菩薩が祀られた。その胎内には役行者の持仏の孔雀明王《くじゃくみょうおう》の金銅仏が納められた。

また役行者の祈念によって百済から飛来した四天王の像も金堂に安置された。なお金堂の前には役行者が孔雀明王法を勤修《ごんしゅう》したとき、一言主神《ひとことぬしのかみ》が座った石があった。天武天皇一四年（六八五）には移転が完成し、高句麗からの渡来僧の恵観《えかん》を導師として落慶法要が営まれたが、そのとき諸天神が来臨するなどの奇瑞《きずい》があった。役行者も金峰山から訪れて、この法要に参加した。またそのとき役行者は当麻寺に私領の山林・田畑数百町を施入《せにゅう》した。

麻呂子親王は用明《ようめい》天皇と当麻郷を本拠とする当麻倉首比呂《くらのおびとひろ》の女の飯女之子《いいめのこ》の子であったことから当麻皇子ともいわれた。聖徳太子の異母弟である。その子孫の当麻国見は壬申《じんしん》の乱のときに天武天皇に味方し真人《まひと》の位を与えられた。実際には夢告によって万法蔵院を当麻に移したのは国見である。爾来《じらい》、当麻寺は当麻公氏の氏寺とされた。ちなみに中将姫は横佩の右大臣藤原豊成《とよなり》の姫で天平宝字七年（七六三）に出家し、阿弥陀如来の導きで、蓮の茎の糸で当麻曼荼羅を編んだとされている。時代は下るが宝暦（一七五一〜六四）ごろに成る『役公徴業録《えんこうちょうごうろく》』では、役行者は大峰山で自己の三世の遺骸からとりあげた独鈷杵《とっこしょ》で孔雀明王の像を鋳って護持仏としたが、これを当麻寺金堂の本尊の胎内に納めたという話になっている。また『元亨釈書』の巻二八「寺像志」の「禅林寺」の項には、役行者が父の高賀茂間賀介《たかかもまかすけ》と母渡都岐《とときき》の山林数百里を、大宝三年（七〇三）六月に両親の供養のために当麻寺に寄進したとしている。

すでに前章で述べたように、役行者の生誕地の茅原《ちはら》を中心とするこの地域は役行者の後継者が相続する土地とされ、文治二年（一一八六）に役行者の後胤と称する行俊《ぎょうしゅん》が所有権を主張したが認められなかった。また真福寺本の『役優婆塞事』によると、この土地が興福寺に押領されたとしている。本章の最初に述べたように当麻寺は興福寺の末寺で、しかも東西両金堂に属する有力な当山正大先達衆だった。それゆえ、役行者の所有地の当麻寺への寄進の話は、当麻寺に所属した修験が、興福寺押領の事実を美化し、当山正大先達衆の中で有利な立場を得るために創った物語とも思えるのである。

箕面の役行者

『諸山縁起』の「役行者の熊野参詣の日記」によると、役行者は一九歳のとき二上山で箕面寺の方に異相を見て、そこを訪れ種々の衆にあい、滝本に一〇〇〇日籠ったうえで熊野に詣でている。この記述を展開したかのような箕面での役行者の活動を示す説話が生み出される。鎌倉期に入ると、その初期のものは、正嘉元年（一二五七）完成の住信《じゅうしん》の『私聚百因縁集』の次の記述である。役行者は一九歳のとき、箕面の滝で呪を誦して練行した。すると滝穴の上に白浪に乗った三六の金剛童子があらわれた。行者はこのうちの一五の金剛童子を箕面に留め、八の金剛童子を大峰、七の金剛童子を葛城に配置して、末世の衆生の救済にあたらせた。あるとき、行者が滝穴の奥に入っていくと、金剛の門があったので、門を叩き、南閻《みなみえん》浮提《ぶだい》の役優婆塞と名乗った。すると内側から自分は徳善《とくぜん》大王で、ここは竜樹菩薩の浄土であると声があった。内は荘厳な浄地で、行者は身心無垢《むく》となった。そして竜樹から衆生済度《しゅじょうさいど》の方法と、仏道の資糧を与えられた。

この話によると、役行者は箕面の修行で自己の衆生救済の活動を助ける三十六童子をあらわし、竜樹から仏道の資糧と衆生済度の方法を授かっている。この三十六童子は、不動明王の眷属《けんぞく》になぞらえたものと思われるが定かでない。また仏道の資糧を受けたというのは、役行者のその後の宗教活動の根源をなす根本印を授かったことを示すと考えられる。なお『元亨釈書』の「役小角伝」には小角が箕面の滝口に入って竜樹とあい、竜樹を祀る箕面寺を建立したとの記載が認められる。

これに対して勧修寺《かじゆうじ》慈尊院《じそんいん》僧正栄海《そうじようえいかい》が正中二年（一三二五）に編んだ『真言伝』には、次のようなより詳しい話があげられている。役優婆塞は斉明天皇四年（六五八）三月一七日に箕面寺に登った。山を越え川を渡って登ると三重の滝があった。第一は、滝壺に黒蛇がいる一丈あまりの雄滝、第二は瓔珞《ようらく》の滝で、第三は高さ一五丈の雌滝《めだき》である。雌滝の頂上には竜穴があり、長さ三丈の竜がいて黒雲を吐いて雨を降らすといわれた。役優婆塞はこの滝で修行したが、同年四月一七日の夜、夢の中で竜穴の底を知りたいと思って、剣と索を持って穴の中に入って行った。一里ほど進むと石門があり、そこにいた徳善大王に導かれて竜樹の浄土に入った。大王の左右には一五の金剛童子がいた。その浄土には堂塔伽藍、池、林があった。諸堂の前には錫杖《しやくじよう》、正面の宮殿の前には丈余の鼓磬《こけい》があって自然に音を発した。宮殿の奥の荘厳な床には竜樹菩薩と弁財天が座し、周囲を菩薩・聖衆《しょうじゅ》・天人・大衆がとり囲んでいた。徳善大王が仏前の香水をとって役行者の頂上に灑《そそ》いだ。そして行者に本所に帰って仏法を興隆させよと告げた。すると水上に浮び上がるような気がして目がさめた。

役優婆塞は同行の義覚《ぎかく》・義賢《ぎけん》にこの夢のことを語り、滝の下の西脇に草堂をつくり、竜樹菩薩と弁財天の像を安置し、同年一〇月一七日に開眼供養《かいげんくよう》をした。また境内の艮《うしとら》（鬼門・北東）の角に徳善大王と金剛童子などの護法神を祀る小祠を作った。爾来《じらい》、役優婆塞は、昼は滝上で孔雀明王の呪を誦し、夜は滝下で不動明王の呪をとなえ、堂社に花や水を供えて、勤行する修行を二十余年にわたって行った。この間不動明王の矜伽藍《こんがら》、制多伽《せいたか》の両童子、八部衆が行者の修行を助けた。なおその後、役優婆塞は大峰・金峰・葛城などで修行した。そして大宝元年（七〇一）正月一日、六八歳のとき、徳善大王社の前で渡唐の旨を申し述べた。すると社内で泣声がして猛火を発した。優婆塞は呪文を誦じて火を消し、母を鉢に座らせて渡唐した。ちなみに上記と同様の役行者の箕面での修行の話は、鎌倉末に成る『箕面寺縁起』（『九条家本諸寺縁起』〈図書寮叢刊〉所収）にも収められている。

蔵王権現感得譚　『金峰山秘密伝』の「金剛蔵王本地垂迹習事」と「金剛蔵王名号習事」の条や『私聚百因縁集』や『沙石集』には、役小角が金峰山で自己の守護仏として金剛蔵王権現を感得した話を載せている。その際『沙石集』では役小角の祈誓に応えて、まず釈迦が、つぎに弥勒《みろく》があらわれて、最後に守護仏の蔵王権現が出現しており、『金峰山秘密伝』では、釈迦・千手観音・弥勒についで金剛蔵王権現が出現している。このほかでは『渓嵐拾葉集』に役小角を金剛薩埵《さつた》とするとの伝承や、吉野の天川で役小角が弁財天の法を行ったとの記事がある。ちなみに、この天川弁財天は役行者の祈念に応えて最初に出現したが退けられて天川に祀られたとされている（口絵3）。

ところで『金峰山秘密伝』巻中所収の「金剛蔵王最極秘密習事」に収められている「役小角伝」は、短いものであるが鎌倉時代末における比較的まとまった修験道の「役小角伝」で、しかも役行者の「金剛蔵王権現」の感得譚を中核としたものである。これによると、天武天皇年間（六七二〜六八六）の初春に役行者は金峰山上に住して本尊を求めて祈念していた。山頂には清涼な水をたたえた青竜の池があった。その池の水は国土を潤し、万物を生長させた。池の中には八尺四方の宝石があってつねに霊光を放っていた。行者は宝石の北側に座して南方に向かって降伏の法を修めた。そして除魔大将を求めて祈ったら釈迦が現われた。つぎに抜苦与楽《ばつくよらく》の仏を求めて祈ったら、千手千眼観音があらわれた。さらに行者は与楽の大慈尊を求めて祈った。すると弥勒菩薩が出現した。けれども行者はこの三尊に満足せず、降魔の仏を求めて南の方に座を移して祈念した。すると宝石が光を放って忿怒《ふんぬ》の姿をした青黒色の金剛蔵王権現が宝石の上に涌出し、その西には胎蔵界の東曼荼羅の聖衆、東には金剛界の西曼荼羅の聖衆、南には八大金剛童子があらわれた。この宝石は自然の霊石である。なお金峰山上の山上蔵王堂（現在の大峯山寺）の内陣の下にはこの竜穴の池があるとされている。その後役行者は大宝元年（七〇一）六月七日に入唐した。ちなみに役行者はインドでは成門大王、中国では香積《こうしゃく》仙人、日本では役行者として出現したとしている。もっともこの伝承では一言主神はまったく登場せず、岩橋の話はただ鬼神を使役して橋を架けさすだけになっている。このように『金峰山秘密伝』の役行者伝承は金剛蔵王権現感得譚を中心としていて、役行者の一言主呪縛や配流の話がまったく見られないのである。

役行者の修法

鎌倉末になると金峰山では、この役行者による金剛蔵王権現感得譚にもとづいた本地供《ほんじく》もなされている。その一つの延元二年（北朝は建武四年〈一三三七〉）二月一五日に法務僧正（文観か）が国家護持と蔵王権現の利益をますために修したとされる「役行者本地供次第」は次のようなものである。修法者はまず別行作法をし、その後に道場観に入っている。この道場観では、まず字が変じて鷲峰山となり、山頂に宝樹が並び、宝樹の下に七宝で飾られた宝床がある。その上の阿字が変じて満月となる。月の中には（バク、釈迦）字があるがこれが宝鉢となり、さらに鉢が釈迦如来となる。釈迦は濁世《じょくせ》の衆生を度すために四摂《ししょう》（布施・愛語・利行・同事）の三昧《ざんまい》に入った。その心中には字（孔雀明王の種子《しゅじ》）があったが、それが変じて錫杖《しゃくじょう》となり、錫杖が役優婆塞になる。さらにこの役優婆塞は苦行の相で頭に布のかぶりもの（冒）を頂き、藤皮・衲衣《のうえ》・袈裟を身に着し、右手に六輪の錫杖、左手に百八念珠《ねんじゅ》を持ち、大峰の金窟に住み、秘密の行を修し、四海を鎮護し百王を護持する。その左右には、義学《ぎがく》（矜羯羅童子）、義芸《ぎげい》（制吒迦童子）が侍して、随逐奉仕し、天竜や八部無量の仙衆が前後を囲繞《いにょう》していることが観じられている。この道場観をおえると自己の七処を加持する。

つぎに釈迦の印明《いんみょう》、釈迦の説法の印明、孔雀明王の印明、不動明王の剣印で慈救呪《じくのじゅ》、独鈷印で火界呪《かかいじゅ》、正念誦《しょうねんじゅ》、字輪観《じりんがん》、結界、降三世《ごうざんぜ》、召請《しょうしょう》、四智讃《しちさん》がなされる。そして本尊大聖釈迦尊と、塵に交じって人々を救済する役行者を勧請して発願《ほつがん》し、釈迦を拝したうえで、礼仏し、「南謨護持国界苦行仙人役行者」と三遍となえて、散念誦《さんねんじゅ》。仏眼・大日・釈迦・孔雀明王・不動に法施の心経をあげ、大金・一字金輪でおえている。このようにこの本地供では役行者の本地を釈迦とし、そのことを観ずる道場観をし、その働きを孔雀明王・不動明王・法具の錫杖によって象徴している。そして役行者は苦行した仙人で、不動明王の二童子に比せられる義学・義芸（玄か）を従えて俗世の人々に利益をもたらすことが観じられているのである。

役行者の像容

平安後期から金峰山では役行者の御影供《みえいく》が行われていた。それゆえその彫像や画像が造られていたと推定されるが、金峰山には当時のものは見られない。しかし山梨県中道町円楽寺《えんらくじ》に、一二世紀ごろに成ったと推定される現存最古の役行者の半跏《はんか》像が所蔵されている。この像は富士山北口二合目の役行者堂にあったものである。像容は痩身老相で瞋《しん》目《もく》、開口して忿怒の姿を示し、長頭巾《ながときん》を被り、両肩に藤衣（細長い葉も刻む）を掛けている。そしてこれに室町期と思われる、両肘を左右に張り、目を見開いた前鬼後鬼《ぜんきごき》が付されている。なお鎌倉期の半跏の役行者像には、新潟県二王子岳の旧修験、金峰神社蔵のものがある。ただし、これは単像で閉口し右手に杖を持つ温和な老相で、岩に座している。

絵画では鎌倉期の雛壇式の熊野垂迹曼荼羅（東京静嘉堂文庫・和歌山県立博物館）の上部に金剛蔵王権現や大峰八大童子とともに長頭巾をかぶり、肩に蓑をかけ、半跏して前・後鬼を従えた、役行者が描かれている。

一般に広く知られる役行者像は長頭巾・高下駄・法衣に袈裟をつけ、蓑または木葉衣を掛け、錫杖と独鈷または経巻《きようかん》をもち、岩座に腰掛けた倚像《いぞう》である。これには壮年と老相のものがある。壮年の像には一三世紀中期のクリーヴランド美術館蔵、一四世紀初期の桜本坊本尊（重要文化財）がある。前者は開口した忿怒像で、後者は右手に錫杖、左手に経巻をもち開口し眉間《みけん》に皺《しわ》をよせて忿怒を示し、横衲《おうのう》に衲衣を着、胸元を大きくあけたものである。ともに髭《ひげ》は見られない。ちなみに桜本坊にはこのほかに、長頭巾に内衣・法衣・鐶《かん》袈裟・裙《も》を着した老相の坐像が伝わっている。

老相の倚像を代表するものは前・後鬼を従え、岩窟に座し閉口して忿怒を示す滋賀県石馬寺の像（重要文化財）である。この像は面貌は上記の桜本坊の坐像、服制は円楽寺像に類似している。なお弘安九年（一二八六）慶俊《けいしゆん》作の吉野山の山本家蔵の役行者像は開口した好々爺《こうこうや》を思わせるものである。この両像はともに髭をたくわえている。

倚座《いざ》姿の役行者を描いた像には、葛城山系の大阪松尾寺蔵の絹本《けんぽん》着色図と日光輪王寺蔵の二枚の板絵（重文）がある。前者は、錫杖と独鈷をもった肥満した老相の役行者が前鬼・後鬼・大峰八大童子を従えたものである。後者は、日光修験の峰中の寒沢宿にあったもので、横長の板に錫杖と独鈷をもち蓑をかけた行者が前・後鬼、大峰八大童子を従えて岩に座したものである。そのうちの一枚には裏に元徳三年（一三三一）の年紀と筆者の大法師滝□の名が記されている。

以上、平安末から鎌倉期の役行者像を紹介したが、これらのなかでは、彫刻では円楽寺の半跏像と桜本坊の倚座像、この両者と類似した石馬寺の像、絵画では、いずれも前・後鬼、大峰八大童子を従えて倚座した松尾寺本と日光輪王寺の板絵が注目される。

『私聚百因縁集』の「役行者の事」

さて、役行者に関する鎌倉期の種々の伝承を集大成したものに、正嘉元年（一二五七）に常陸国の住信の『私聚百因縁集』所収の「役行者の事」がある。この伝承は平安時代の『三宝絵詞《さんぼうえことば》』型のものに『諸山縁起』所収の大峰山の伝承、『沙石集』に見られた金剛蔵王権現感得譚、『古今著聞集』所収の当麻寺の話、箕面での修行譚、『長寛勘文《ちょうかんのかんもん》』所収の「熊野権現御垂迹縁起」などを適宜に折り込んでまとめたものである。著者住信は浄土宗の僧であるが、この「役行者の事」にはその最初に山伏の行道が役行者の振舞いから起こったと記している。それゆえ、ここにあげられている役行者に関する伝承はこうした山伏の間に伝わっていたものを集めたものと考えることができよう。

「役行者の事」の内容は次のとおりである。

(1) 役優婆塞は高賀茂間賀介麻呂、同氏白専渡都岐麻呂《しらとうとときまろ》を母として、葛上郡《かつらぎのかみ》矢箱《やはこ》村で生まれた。（出自）

(2) 胎内で異相があった。七歳で三宝に帰依《きえ》した。（生育）

(3) 一九歳のとき、摂津国の箕面《みのお》滝で修行した際、竜穴の上で三十六童子を感得し、十五童子を箕面に、八大金剛童子を大峰、七大童子を葛城に祀った。さらに滝上の竜穴を通って、徳善大王の導きで竜樹の浄土に入り、身心無垢となったうえで、竜樹から仏道の資糧を得た。（箕面受法）

(4) 熊野・金峰・葛城をはじめ諸国の霊山を開き、これらの山岳で捨身修行をした。（諸山修行）

(5) 三十余年にわたって葛城山の石室で藤の皮を着、松葉を食として修行し、葛城山を『法華経』の峰とした。（葛城修行）

(6) 大峰山は胎金の両峰すなわち、熊野は胎蔵界、金峰は金剛界である。熊野証誠《しょうじょう》権現の本地は阿弥陀、金剛蔵王の本地は釈迦である。大峰山中には行者の遺宿が一二〇ヵ所、仙人三八〇人が所住している。（大峰山の宗教的性格）

(7) 大峰山中の深仙《じんぜん》に三重の岩屋がある。下は阿弥陀曼荼羅、中は胎蔵界曼荼羅、上は金剛界曼荼羅で、各重に大壇がある。(三重の岩屋)

(8) 仙洞《せんどう》に役行者の第三世のときの骸骨があった(行者は七生して大峰山で修行したという)。その骸骨は手に独鈷と智剣を握っていた。行者は千手陀羅尼《だらに》を五遍、般若心経を三巻唱えて祈請してこれをとった。(仙洞の骸骨)

(9) 行者は孔雀明王の呪を唱えて験をあらわした。また七歳より慈救呪を唱えた。(生育)

(10) 役行者は金峰山では威徳天《いとくてん》、金剛山では法起菩薩《ほっき》、あるところでは孔雀明王とあらわれた。(行者の権化)

(11) 役行者は海上を走り、空を飛んだ。(仙術)

(12) 父母への報恩の供養のために、当麻寺に田畑を寄進し、法要を行った。また当麻寺の金堂の弥勒仏の中に孔雀明王の像を収めた。(当麻寺での供養)

(13) 韓国 連広足《からくにのむらじひろたり》に讒言された。(広足の讒言)

(14) 葛城の一言主神が岩橋を造らないので、召しとって、榊の練《ねり》で谷底にしばりつけた。(岩橋、一言主神の呪縛)

(15) 一言主神が宮人に憑依《ひょうい》して行者のことを讒言した。(一言主神の讒言)

(16) 行者は自分の代わりにつかまった母を助けるために縛につき、伊豆に配流された。(伊豆

配流）
(17) 伊豆では昼は島に居り、夜は富士山などに修行に行った。（伊豆の生活）
(18) 三年後に許された。（赦免）
(19) 大峰山の深仙に一〇〇〇基の石塔を建て、空鉢《そらはち》ヶ岳に大唐第三の仙人である北斗《ほくと》大師を招いて父母の供養をした。また供養終了後諸天に命じてこの塔婆をかくさせた。（千基塔婆供養）
(20) 母を鉢に乗せ、自分は草座に乗って新羅《しらぎ》に行った。（渡海）
(21) 新羅で五〇〇匹の虎とともに道昭《どうしょう》の法筵にあらわれた。（道昭の法筵）
(22) 熊野権現の縁起。
(23) 行者が金峰山で守護仏を希求したところ、まず釈迦があらわれた。しかしこれでは柔和ゆえ、衆生を救いえぬとしてさらに祈請したところ蔵王権現が出現した。（金剛蔵王権現感得）

「役行者の事」の特徴

この「役行者の事」は一定の構造をもった説話というより、この時代に修験者の間で伝えられていたと思われる役行者に関する種々の伝承を住信がつなぎ合わせてまとめたものである。今その個々の内容を見ると、つぎのような特徴を指摘することができる。まず行者の両親の名前がはじめて明示されていることが注目される。ついで受胎の時の異相（『金峰山秘密伝』では独鈷を飲む夢を見たことになっている）、幼児のころから三宝に帰依したことを挙げることにより、その聖者性を示している。つぎに箕面での灌頂《かんじょう》により、役行者の活動の正統性を示したうえで、諸山とくに大峰・葛城・富士での修行が示されている。なおこうした場所での修行では、密教的な呪法による呪縛、道教の神仙術による飛行などが指摘されている。このほかでは、大峰山中の一〇〇〇基の塔婆供養および当麻寺への土地の寄進など、両親への供養の話が認められる。

こう見てくると、この役行者伝承では、岩橋や一言主神の讒言による配流の伝承は中心的なモチーフではなくなり、むしろ上記のような異常な受胎、箕面での灌頂、諸山での修行、呪法、両親の供養、入唐などが中心的なモチーフをなしている。このことはこの「役行者の事」の最初にもあげられていたように、この時代になって役行者が修験者たちが範とする山林修行者としてより強く意識されるようになったことを示しているといえよう。

室町・戦国期の役行者伝承

室町・戦国期の修験道

室町時代に入ると、熊野三山検校《けんぎょう》を重代職とした聖護院門跡《しょうごいんもんぜき》やそれを助けた熊野三山奉行の京都の若王子《にゃくおうじ》乗々院《じょうじょういん》などの院家が地方の熊野修験を掌握するようになった。熊野修験の多くは、熊野詣をする檀那《だんな》に対して、熊野での宿泊・祈禱・山内案内などの便宜をはかる御師《おし》のところに各地の檀那を導く先達《せんだつ》であった。歴代の熊野三山検校のなかでも、二〇代の良瑜《りょうゆ》（一三三一～九七）は大峰山で深仙灌頂《じんぜんかんじょう》、葛城山《かつらぎさん》で葛城灌頂を開壇した。また二三代の道興《どうこう》（一四三〇～一五〇一）は大峰・那智で修行し諸国を巡錫《じゅんしゃく》し、熊野修験に霞と呼ばれた所定の地域内での檀那の先達や配札、末派修験の支配を認める年行事の職をあたえて統轄した。また富士村山修験、相模の八菅《はすげ》修験、備前児島の五流修験、北九州の宝満山や求菩提山《くぼてさん》などの一山組織も掌握した。

一方、大和では末寺の修験を掌握していた興福寺の東西両金堂衆にかわって、東大寺の修験が勢力をのばしてきた。もっとも室町末になると、内山永久寺・法隆寺・根来寺《ねごろじ》・高野山・伊勢の世義寺《せぎでら》、近江の飯道寺《はんどうじ》など近畿地方の四〇近くの寺院に依拠した修験者が、大峰山中の小笹に本拠を置き、大峰山の峰入《みねいり》を再興したとの伝承をもつ聖宝《しょうぼう》を祖師に仰いで、当山正大先達衆と呼ばれる独自の組織を作りあげた。この当山正大先達衆は諸国を廻国遊行《ゆぎょう》する勧進聖《かんじんひじり》的性格をもっていた。

このようにして修験道が確立するにつれて熊野、金峰山《きんぶせん》など中央の諸山では、役行者の伝承を含んだ縁起や教義書が著された。とくに金峰山と熊野の縁起をあわせて編集した神仏習合的色彩の強い『両峰問答秘鈔《りょうぶもんどうひしょう》』『修験指南鈔』などは代表的なものである。また日光出身の即伝《そくでん》（一六世紀初頭）のように金峰山や彦山《ひこさん》に伝わる衣体、峰入、灌頂などの切紙を集大成して『修験修要秘決集』をはじめとする数多くの書物を編集した傑出した修験者もあらわれた。このほか『役行者本記』など独立した役小角《えんのおづぬ》の伝記も作られている。これらによると、修験道では大峰山中で守護仏の金剛蔵王権現を感得し、摂津の箕面《みのお》山の滝穴で竜樹菩薩《りゅうじゅ》から秘印を授かった役行者を開祖として崇め、その足跡に従って、大峰山・葛城山などの霊山で峰入修行することを旨としている。その際に大峰山は金剛界《こんごうかい》・胎蔵界《たいぞうかい》から成る曼荼羅《まんだら》、葛城山は『法華経《ほけきょう》』二八品のそれぞれを納めた経塚のある霊山で、修験者は全体として金胎の曼荼羅や不動明王をかたどった頭巾《ときん》・鈴《すず》懸《かけ》・結袈裟《ゆいげさ》などの山伏十二道具を身につけて、人間の成仏過程のそれぞれに位置づけられた十界修行をし、その最後に正灌頂《しょうかんじょう》を受けることによって即身成仏することを教義の主眼としている。

このように修験者が役小角を開祖とすることは、当時は広く内外に認められていたらしく、文安元年（一四四四）に成る百科辞典の『下学集《かがくしゅう》』や室町中期の国語辞典の『節用集』の山臥《やまぶし》・山伏の項では「役行者之流也」と説明されている。そしてさきにあげた代表的な縁起や教義書『役行者本記』以外の『寺門伝記補録《じもん》』『証菩提山等縁起《しょうぼだいさん》』『小笹秘要録』『彦山修験道秘決灌頂巻』『本山修験印信口訣集』などの修験道の書物にも役小角伝承があげられているのである。

今これらの内容を相互に比較してみると、つぎのような傾向を指摘することができる。まず個別の主題を強調したものには、金剛蔵王権現感得譚を中心とした当山正大先達衆の峰中の拠点とされた小笹の記録をまとめた『小笹秘要録』所収の「金剛蔵王示現次第法体事」、『両峰問答秘鈔』所収の「蔵王因位次第」、箕面での竜樹からの受法を強調した『修験指南鈔』、『寺門伝記補録』第一七巻の「役優婆塞」、『本山修験深秘印信集』所収の「役優婆塞行状記略頌《ぎょうじょうきりゃくじゅ》」、役行者の前因はインドの迦葉《かしょう》であると説く『彦山修験道秘決灌頂巻』所収の「役優婆塞出世の事」、『修験指南鈔』所収の「役優婆塞印度に於て因位を生ずる事」、大峰山における役行者の第三生の時の骸骨、千基塔婆供養、宝塔ヶ岳の母の所に行く話などを断片的にとりあげた『証菩提山等縁起』などがある。なお『証菩提山等縁起』には既述の『金峰山本縁起』が収録されている。

『修験修要秘決集』の役行者

つぎに比較的まとまった役小角伝には、大永年間（一五二一〜二八）に即伝によって編まれ、後世の修験者にも大きな影響をおよぼした『修験修要秘決集』所収の「役行者略縁起」がある。これによると、遠い先祖の役優婆塞は大日如来の変化、不動明王の分身で、インドでは仏弟子の迦葉、中国では浄土宗発祥の寺の香《こう》積《しゃく》仙人、日本では役優婆塞と権化して、十界一如《じっかいいちによ》の密行を修した。また葛城山では法起《ほっき》菩薩として顕現したとされている。役優婆塞は大和国葛城郡茅原《ちはら》村の賀茂役公《かものえのきみ》の出身である。その誕生は母が独鈷《とっこ》を呑んだ夢をみて託胎し、受胎中もつねに弁財天のあらわれである青衣の女を夢見たのちに舒明天皇三年（六三一）一〇月二八日に出産した。その誕生は五色の雲が産室を覆い多くの仏が影向《ようごう》して守護したというように奇瑞《きずい》で色どられている。七歳のときから毎日慈救呪《じくのじゅ》を一〇万遍となえ、儒仏二教を学び、箕面山で竜樹から入峰の秘法を授かった。そしてこの地に竜樹をまつる箕面寺を創建した。三二歳になると葛城山に入って藤皮の衣を着、松の実を食べて修行した。また各地の霊山で修行し、鬼神を駆使するなどしたが、大宝元年（七〇一）六月七日七一歳のとき、五色の雲に乗って入唐《にっとう》した。しかしその後も毎月七日にはわが国を訪れて、箕面の滝穴や日本各地の修験道を調べていると記されている。このようにこの略縁起では小角の本縁・受法・諸山での修行が中心となり、岩橋や配流に関係した話はまったくあげられていないのである。修験集団の開祖としての小角伝にあっては、こうしたことは不要であったのかもしれない。

以上個別の主題を強調した修験書の役小角伝承と比較的まとまった「役行者略縁起」を紹介した。これらからわかるように、室町時代末期になって作られた修験道の切紙や教義書に見られる役小角伝では箕面での受法、役小角の本縁、金剛蔵王権現の感得譚、大峰をはじめとする諸山での修行の話などが強調されている。これらのなかでここでは、近世期に修験五書の一書に数えられた熊野系の修験の手になる『修験指南鈔』の箕面での灌頂譚を紹介しておきたい。

箕面での灌頂受法

あるとき役行者は金剛山の北西にあたる遠山に瑞雲がたなびくのを見て、仏の在所ではと思いその方角に三鈷杵《さんこしょ》をなげた。そのあとをおって山中に入ると、老翁があらわれて、この水上には滝がありその巌窟に竜神が住んでいる。東の峰の樹上にちかごろ光物があらわれた。自分は観音の化身でこの山の主だ、仏法興隆の志があるならこの山を与えようといった。さらに登って行くと三重の滝があり、東の峰の松に三鈷杵がかかっていた。行者はこの滝に一〇〇〇日にわたって籠って修行した。すると滝壺の底に入って行けば悉地を成就しうるとの夢告をえた。そこで白雉三年（六五二）四月七日に滝壺に入っていくと門があった。門前で慈救呪をとなえると、徳善《とくぜん》大王があらわれて竜樹菩薩の浄土に導いた。そして金山で見た瑞雲は妙雲如来とも呼ばれる竜樹が発していたことを知らされた。大王はこの道場はインドで竜樹菩薩が南天鉄塔を開いて金剛薩埵《さった》から灌頂を受けたのと同じ密厳国土《みつごんこくど》の法界宮であるといった。徳善大王の左右には一五の金剛童子、傍《わき》には八面八臂《はっぴ》の荒神王《こうじんおう》が守護していた。

役行者は美しい堂塔伽藍の間を進んで、中央の大宝宮殿の前に導かれた。そこで徳善大王が行者の頂きに香水を灌《そそ》いで灑水《しゃすい》した。行者は宮殿内の秘密荘厳内道場に入り、竜樹菩薩を拝して、親しく金剛界・胎蔵界・蘇悉地《そしつじ》の三部の奥旨を受け、さらに伝法灌頂の儀軌を授かった。竜樹は役行者に、汝が学んだ三部の奥旨にもとづいて、当山（大峰）に金胎両部、この箕面山と滝に蘇悉地を配せよ、また東峰は麓から一八町あるが、これは十八道を意味すると告げたうえで、灌頂の印信と錫杖《しゃくじょう》を賜った。また徳善大王は本所に還って仏法興隆に努め、衆生《しゅじょう》を度すように、といった。ほどなく行者は滝壺から浮きあがった。そして滝本で正身の不動明王と伽藍守護の八大荒神を観じ、弟子の義覚《ぎかく》・義玄《ぎげん》とともに仏堂を建てて祀った。

容易に気づかれるように、この話は空海が三鈷杵を投じて霊地の高野山を発見し、地主神から土地を譲られる話と、密教の南天鉄塔での竜樹の金剛薩埵からの大日如来の秘法の受法をもとにして創作されている。それゆえこの神話は役行者を始祖とする修験者の修法が正当な密教の流れにもとづくことを示すことを意図したものと考えられないでもない。事実、ほぼ同じころになる『役行者本記』の法系譜では、摩訶毘盧遮那如来《まかびるしゃなにょらい》・金剛薩埵・竜樹・役優婆塞・義覚・義玄の血脈をあげているのである。

修験以外の役行者伝

室町戦国期に編まれた仏教説話や歴史書などにも役行者伝承があげられている。まず元亨二年（一三二二）に虎関師錬《こかんしれん》（一二七八～一三四六）が完成した『元亨《げんこう》釈書《しゃくしょ》』にはつぎの話をあげている。役小角は賀茂役公氏で葛城上郡茆《う》（茅《ち》）原《はら》村に生まれた。少年のころから博学で仏教を尊んだ。三二歳の時葛城に入って三十余年修行し、孔雀明王《くじゃくみょうおう》の呪を持し、仙府に遊び鬼神を使役した。これにつづいて岩橋、一言主神《ひとことぬしのかみ》の呪縛、讒言《ざんげん》、母を囮《おとり》にしての逮捕、伊豆配流、伊豆での富士修行、赦免され、都近くに帰ったあと飛び去った話をあげている。なおこれに箕面で夢の中で竜樹に会って箕面寺を建立したこと、母を鉢にのせて渡唐したこと、新羅で道昭の講会《こうえ》に参加したことをあげ、大峰・葛城の修験者が役小角を開祖としていることを付記している。このほか南北朝ごろ成立の、神武天皇から後花園天皇にいたる年代記の『神明鏡《しんめいきょう》』にもほぼ同様の記載が認められる。

これに対して沙弥玄棟《しゃみげんとう》が一五世紀前半ごろに編んだ『三国伝記』では、役優婆塞が金峰山の守護神として蔵王《ざおう》権現を涌出させた。その像は閻魔《えんま》大王が死者の罪を写す浄玻璃《じょうはり》の鏡のように影が明るく光る鏡石に写し出されたとしている。この話は金峰山から数多く出土した蔵王権現の鏡像の淵源を、役優婆塞の蔵王権現感得譚と結びつけているようで興味をそそられる。なお本書では蔵王権現の一身分体の釈迦・千手・弥勒は過去・現在・未来の三世を示すとしている。また役優婆塞の三生の骸骨や笙《しょう》の岩屋についてふれている。ちなみに『太平記』には金峰山上での役行者の祈念に応えて、最初地蔵菩薩があらわれたが、これを退けると伯耆大山の智明《ちみょう》権現となり、ついで金剛蔵王権現が出現したとしている。なお天文元年（一五三二）成立の『塵添壒囊鈔《じんてんあいのうしょう》』には、『元亨釈書』とほぼ同様の伝承のほかに、泰澄《たいちょう》が一言主神の依頼で縛を解こうとして止められたこと、箕面山での竜樹からの受法、生駒山で二鬼を捕えて使者とする話をあげている。

役行者の法要

応永二〇年（一四一三）ころになる吉野一山の年中行事を記した『当山年中行事条々』によると、当時吉野一山では、役行者を祀る法会が行われていた。すなわち山下では、二月七日に行者供《ぎょうじゃく》がなされている。この法会では天台方の二臈所《ろうしょ》の法眼が阿《あ》闍梨《じゃり》、吉野山の野際《のぎわ》の交衆《こうしゅう》の一臈《ろう》が導師、二臈が祭文読みを勤め、祭文の一壇目の時に、東方を上座として内陣をまわっている。この祭文は役行者を称えるものと思われるが、その内容は定かでない。また三月二一日には講堂で真言系の堂僧の十番頭までの者が、役行者の御影供《みえいく》で両壇作法と理趣三昧を行っている。

一方、山上では六月七日に御影供の山伏が出峰し、それにあわせて堂僧（真言方）が中心になって験くらべ、笈立《おいた》て、延年《えんねん》などの修法を行っている。なおこのとき曩祖《のうそ》役行者の御影供として種々の儀式が山上でなされたことは『両峰問答秘鈔』巻上（修験道章疏二）にも記されている。ちなみにこの曩祖は遠い先祖をさす呼称である。

役行者の像容

『修験修要秘決集』には「役行者尊形事」との表題の切紙が収められている。これによると役優婆塞の像容は、一般に頭を八尺の長頭襟でしばり、右手に独鈷、左手に念珠《ねんじゅ》か六輪の錫杖あるいは般若心経をもっている。そして口を開き、藤皮の衣を着、鉄駄をはき半行半座《はんぎょうはんざ》である。行者の左脇の智童鬼《ちどうき》は口を開き、左手に青色の水瓶をもっている。また右脇の禅童鬼《ぜんどうき》は口を閉じ右手に赤色の斧を持ち、縁笈《えんぎゅう》と肩箱を背負っている（口絵1）。なお画像には右向き・左向き・正面向きの三種がある。

この役行者とその従者の像容は、それぞれつぎのような象徴的意味をもっている。まず役行者像は全体として金剛界・胎蔵界の両部不二の直体《じきたい》、不動明王の全相を示している。そして頭上の八尺の長頭襟は胎蔵界の中台八葉院、不動明王が頂上にいただく蓮華を示している。右手の独鈷は断惑証理《だんわくしょうり》の智剣、左手の念珠は大悲下化《だいひげか》の宝索、六輪の錫杖は六道済度、般若心経は世間の一切が空であること、口を開いているのは陀羅尼《だらに》を唱えていること、藤皮は無明を焼きつくす智火、鉄駄は阿字不壊《あじふえ》の磐石《ばんじゃく》に常住することを示し、半行半座は行住坐臥《ぎょうじゅうざが》が床堅《とこがため》の形儀（大日如来と同体）にあることを示している。そして左の禅童鬼は義覚・矜羯羅《こんがら》童子にあたり、その左手の水瓶は胎蔵界の悲水、身体の青色はその悲水の色、口を開いているのは胎蔵界の阿字を示す。また右の智童鬼は義賢・制吒迦《せいたか》童子にあたる。その右手の斧は金剛の智剣、身体の赤色は智火をあらわし、口を閉じているのは金剛界の吽字を示している。また縁笈と肩箱には秘密灌頂のための峰中の法文が入れられている。なお役行者の右向きの画像は従因至果《じゅういんしか》、左向きは従果向因《じゅうかこういん》、正面を向いているのは因果不二《いんがふに》を示している。

役行者像と新羅明神像

近年、役行者像の先蹤《せんしょう》として、園城寺《おんじょうじ》の伽藍《がらん》守護神の新羅明神《しんらみょうじん》像が注目されている（石川知彦「役行者像・岩座に腰掛けて坐るということ」〈『図録 役行者と修験道の世界』毎日新聞社〉）。新羅明神は円珍《えんちん》が唐から帰朝のとき、船上にあらわれ、仏法を護持することを誓ったので、彼が園城寺の北野に祀って、天台寺門派の護法神としたものである。現に園城寺北院の新羅善神堂には、大形の三山冠をいただく異形の木彫坐像（国宝・平安末）が祀られている。園城寺所蔵の鎌倉期の「新羅明神像」（絹本着色）は胡牀《こしょう》上に右足を垂下して半跏する唐装で、右手に錫杖、左手に経巻《きょうかん》を持つ形姿のものである。なお本像には上方に明神の本地とされる文殊《もんじゅ》菩薩、左下に三井の地主神の火御子《ほのみこ》（三尾明神）、右下には明神の眷《けん》属《ぞく》である童子形の般若・宿王《しゅくおう》両菩薩を配している。さらに同寺所蔵の室町期の「新羅明神像」（絹本着色）も同様に唐冠・唐服で髭をたくわえて、左手に錫杖、右手に経巻をもつ忿怒《ふんぬ》形の半《はん》跏《か》像である。

既述のように園城寺の門跡《もんぜき》は、寛治四年（一〇九〇）に白河上皇の熊野御幸の際に先達を務めた同寺の増誉《ぞうよ》が熊野三山検校《けんぎょう》に補されて以来、この職を重代職とした。そして中世後期には熊野修験を掌握して本山派を形成した。そのこともあってか熊野曼荼羅のうち、中央の十二所《じゅうにしょ》権現の下方に熊野九十九《つくも》王子、上方に大峰山系と役行者、前《ぜん》・後鬼《ごき》、金剛蔵王権現、大峰八大童子を配したものには、熊野九十九王子の一つ岩上新羅明神が描かれている。この王子は建武三年（一三三六）に成る『熊野縁起』（仁和寺蔵）によると円珍が顕わしたとされている。また鎌倉期になる兵庫県の湯泉神社蔵「熊野本迹《ほんじゃく》曼荼羅」（絹本着色）には上三分の二に熊野十二所権現の本地と垂迹神、その下の熊野三山になぞらえた三つの山の中央の岩上に錫杖と払子《ほっす》を持つ半跏座の新羅明神が描かれている。これは園城寺の門跡が重代職（応永元年〈一三九四〉以降は聖護院《しょうごいん》）とした熊野三山検校を園城寺の伽藍守護神である新羅明神が護持していることを象徴的に示すとも思われるのである。

ところで、聖護院蔵の南北朝期の「役行者前・後鬼・八大童子像」（絹本着色）と金峯山寺蔵の室町時代の「同像」（絹本着色）には、左向きで岩上に座し、右手に肩に掛けた錫杖、左手に独鈷を持ち、長頭巾《ながときん》で、足駄をはく役行者像が描かれている。この像容は唐装が和装、胡牀が岩座になっていることをのぞくと、室町期の新羅明神像とほぼ同じ形式である。ちなみに新羅明神の本地の文殊《もんじゅ》にも老相で胸骨を露わにした僧形文殊像が認められる。これは熊野に本拠を置いた熊野修験が自分たちの始祖の役行者は、新羅明神同様、熊野三山、さらには園城寺を護持することを示すためにその像容を新羅明神に擬したとも考えられるのである。なお、熊野曼荼羅のうち上方の大峰山系に役行者、前・後鬼、金剛蔵王権現、八大金剛童子、下方に熊野九十九王子の主要なものを配したものは、上方の役行者を錫杖と独鈷もしくは経巻か念珠をもち、倚像《いぞう》、半跏、あるいは立像で描いている。また役行者の金剛蔵王権現涌出の状況を示すものもある。これに対して新羅明神は、下方右下に坐像または倚像で、両手に団扇《うちわ》をもつ形になっている。

ところが金峰よりの小笹に拠点をおいた当山正大先達衆を掌握した醍醐三宝院《だいごさんぽういん》に伝わる室町期の「役行者・前後鬼・八大童子像」（絹本着色、口絵2）は痩身の老相で、大きく開口して歯や舌を出し長い顎鬚《あごひげ》をたくわえ、左手に独鈷、右手に数珠《じゅず》をもつ（錫杖は前鬼にもたせる）異相で、しかも右むきのものである。そのイメージは最古の役行者像とされる円楽寺《えんらくじ》の倚座像を想起させる。

このように室町期の役行者の画像には新羅明神像に擬したものと、山梨県の円楽寺の像に類すると思われる異様なものが認められるのである。

『役行者本記』の役行者伝承

『役行者本記』の成立と構成

修験道における最初の開祖伝である『役行者本記《えんのぎょうじゃほんぎ》』は、奥書によると、役小《えんのお》角《づぬ》の五大弟子の一人義元が神亀元年（七二四）一〇月に大峰山の菊の窟で杉の皮に記したものとされている。しかしその奥書は古代からいきなり室町時代にとんでいる。それゆえ、ここでは本書の記事に八菅山《はすげさん》・天城・走湯《はしりゆ》・箱根・日向《ひなた》・江の島・日金《ひがね》山（十国峠）・富士などへの小角の巡錫《じゅんしゃく》のことが特記されていることや、その内容からみて室町時代の奥書のうちの文亀元年（一五〇一）の伊豆国分寺沙門慈雲《じうん》か、天正八年（一五八〇）の天《あま》木《ぎ》先達弘潤坊《せんだつこうじゅんぼう》あたりの伊豆修験を実際の著者と考えておきたい。

本書の内容は大きく、出生分・系譜分・奇特分・経歴分・灌頂《かんじょう》分・建造分・形像分・語説分・系譜分訛説・終焉分に分けられている。このうち奇特分のみが一・二および深秘分一・二・

三の五部から成っている。このように本書では役小角の一生の事績を中心としながらも、そのほかにその系譜、開基した寺院、経歴した諸山、役小角像の説明（表題のみ）、役小角語録の形をとった教義の説明、十界修行や菩薩灌頂法（灌頂分）など儀礼の説明に関するものが含まれている。それゆえ本書では、修験道の教義・儀礼、全国各地の主要な霊山や寺院を役小角の一生の事跡に関係づけることによって権威づけ、あわせて全体的な体系化をはかっていると考えることができるのである。

役行者の一生

今本書の記事のうちから役小角の伝記に関係したものを年代順にとりだして記すと、次のようになる。

(1)　役小角は賀茂《かも》氏の出で、出雲から入婿した大角《だいかく》を父とし、白専女《しらとうめ》を母として舒明天皇六年（六三四）一月一日、葛城上郡《かつらぎのかみ》茅原《ちはら》郷矢箱村に生まれた。小角の家は古来音韻の曲に長じており、父大角の名は腹笛《はらぶえ》を意味する。小角は管笛《くだぶえ》を意味するという。（出自）

(2)　白専女は金剛杵《こんごうしょ》を呑んだ夢をみて小角を受胎した。小角は一華を持って生まれ、生まれながらにしてよくものを言った。しかし面相が大魁《たいかい》であったので、一度郊野に捨てられた。幼時から土で仏像・仏塔を作り、不動明王の呪を唱えていた。父は小角が子供のころ、離別されて出雲に帰った。（生育）

(3)　一三歳のときから毎夜葛城で修行した。一七歳のとき家を出て、その後、藤の衣、松の葉

を食して修行し、秘密乗《ひみつじよう》を感知し、自然智を得、冥府に赴いた。（修行）

(4)　二五歳、箕面山《みのおさん》で竜樹《りゆうじゆ》の浄土に行き、徳善《とくぜん》大士に灑浄水《しやじようすい》を注がれ、竜樹菩薩から秘密の印相を授かった。（箕面での受法）

(5)　三四歳、大峰山の仙洞《せんとう》で自己の第三世の骸骨から独鈷《とっこ》と剣をとる。（仙洞の骸骨）

(6)　三五歳、笠置山に竹林寺を開く。（建造）

(7)　三七歳、吉野寺を建てて本拠とする。（建造）

(8)　三七歳、東北地方の諸山を経歴。（巡錫）

(9)　三八歳、金剛蔵王《ざおう》権現感得。（守護仏感得）

(10)　三八歳、山城の御室戸寺《みむろとじ》を開く。（建造）

(11)　三八歳、海住山寺《かいじゆうさんじ》を開基。（建造）

(12)　三八歳、関東北陸地方の諸山を経歴。（巡錫）

(13)　三九歳、伊駒岳《いこま》で善童鬼《ぜんどうき》・妙童鬼《みようどうき》の夫婦の鬼を弟子とする。（二鬼随逐）

(14)　三九歳、深仙で竜樹から秘密灌頂を受け、併せて『大日経』と『金剛頂経』を授かる。この経を埋めたところから流れ出る水が深仙《じんぜん》の香精水《こうじようすい》である。（深仙での受法）

(15)　四〇歳、葛城山《かつらぎさん》に金剛山寺建立。（建造）

(16)　四〇歳、関東中部地方の諸山を経歴。（巡錫）

(17)　四二歳、伊駒岳に伊駒寺を開く。（建造）
(18)　四五歳、九州・西国地方の諸山を経歴。（巡錫）
(19)　四七歳、大峰山深仙で一〇〇〇基の卒都婆《そとうば》・一〇〇〇基の石塔を作り、竜樹から授かった碑文を書く。（一〇〇〇基塔婆供養）
(20)　四九歳、大峰から熊野紀州方面修行。（逆峰修行）
(21)　五〇歳、熊野から吉野方面修行。（順峰修行）
(22)　五一歳、相模国八菅山に行き、薬師の秘法を修し、薬師・地蔵・不動各一〇〇体を刻む。（八菅山巡錫）
(23)　五三歳、生家を茅原寺とする。（建造）
(24)　五五歳、大峰の経ヶ岳の近くで、定に入って、金色の世界で文殊《もんじゅ》菩薩に会い、『三身寿量《さんじんじゅりょう》無辺経《むへんぎょう》』を授かる。（『三身寿量無辺経』の相伝）
(25)　五五歳、山城の愛宕山《あたごやま》に行く。（愛宕山修行）
(26)　五七歳、出羽の羽黒山に行き、併せてその近くの山で修行し、大日如来・観音・不動・荼《だ》枳尼天《きにてん》、大黒天を刻む。（羽黒山修行）
(27)　六二歳、一言主神《ひとことぬしのかみ》に金峰山まで岩橋を作って金剛蔵王権現の処に通い、随侍《ずいじ》するよう命じる。一言主神は姿が醜いとの理由でことわる。（岩橋）

(28)　六六歳、葛城神（一言主神）の讒言により伊豆に配流。（伊豆配流）
(29)　六六歳、昼は禁を守って島に留まり、夜は東海・伊豆の諸山で修行した。また不動明王などの像を作り、海に流した。（伊豆での生活）
(30)　六七歳、処刑されようとするが、小角が刑吏の刀を借りて嘗《な》めると鉛のようになる。刑吏は帰洛して天皇にこのことを報じる。（処刑と奇跡）
(31)　六八歳、罪を許される。海上を歩いて勅使を遠江《とおとうみ》まで迎える。天皇は小角に黒衣と宝冠を与え国師とする。（赦免）
(32)　六八歳、一言主神を呪縛し、黒蛇に変えて葛城山の東谷に投じる。（一言主神を呪縛）
(33)　六八歳、葛城・箕面・熊野・大峰・茅原寺などを巡錫したあと箕面山に帰り、母を鉄鉢にのせて隠没する。（入唐）

役行者の宗教的性格

さて、さきにあげた本書の内容やこの一生の事績を主として役小角の宗教的性格に焦点をおいて眺めてみると、つぎのような特徴を指摘することができる。まず小角に関して詳細な系図が作られていることが注目される。その系図の分析は筆者の力のおよぶところではないが、初代の服狭雄命（スサノオノミコトとのルビがある）以来、加茂氏の系譜が記されている。またこのほかに、大日如来・金剛菩薩・竜樹から役小角にいたる法脈譜も作られている。つぎにその母が金剛杵を呑んだ夢をみて受胎したこと、出生の際の奇瑞《きずい》、幼時から仏法に帰依していたことなどが強調される。そして以下年齢（年号）ごとに主要な事績があげられている。それゆえ、この小角伝は形式的には説話ではなく、伝記の形をとっているのである。

その一生の事績のうち、これまでの時代の小角伝とは違ったものをあげると、まず箕面山での竜樹からの受法の状況がとくに細かく記されている。そしてこの箕面での竜樹からの受法の話が、のちに大峰山中の深仙で一〇〇〇基の塔婆に竜樹から授かった碑文を書いたとか、同じく深仙で竜樹から『大日経』と『金剛頂経』を授かり、それを埋蔵したが、そこから湧き出た水が今も深仙灌頂の際に用いられている香精水である、というように、他の話にも関連づけられている。また大峰山の経ヶ岳近くでは文殊師利《もんじゅしり》薩埵《さった》から『三身寿量無辺経』を授かっている。小角は最後にこの箕面で伝法会を行ったうえで、母を鉄鉢にのせて隠没しているのである。

このように本書では箕面における竜樹からの密法の伝受が全体を貫く大きなモチーフとなっている。もっとも小角の活動の中心は葛城山の一言主神に金峰山の金剛蔵王権現の所へ教えを受けに行くために橋を架けるように命じていることや、吉野や深仙を本拠とし、そこから種々の地域に修行や巡錫におもむいているように、吉野・大峰に置かれているのである。

役行者の寺院建立

本書の今一つの特徴は、小角が各地の主要な霊山で修行し、寺院を開基していることと、全国を巡錫したとしていることである。まず寺院の建立を

（ご注意）

・この用紙は、機械で処理しますので、金額を記入する際は、枠内にはっきりと記入してください。また、本票を汚したり、折り曲げたりしないでください。

・この用紙は、ゆうちょ銀行又は郵便局の払込機能付きATMでもご利用いただけます。

・この払込書を、ゆうちょ銀行又は郵便局の渉外員にお預けになるときは、引換えに預り証を必ずお受け取りください。

・ご依頼人様からご提出いただきました払込書に記載されたおところ、おなまえ等は、加入者様に通知されます。

・この受領証は、払込みの証拠となるものですから大切に保管してください。

収入印紙
課税相当額以上
貼　　　付

印

この用紙で「本郷」年間購読のお申し込みができます。

◆この申込票に必要事項をご記入の上、記載金額を添えて郵便局でお払込み下さい。

◆「本郷」のご送金は、４年分までとさせて頂きます。

この用紙で書籍のご注文ができます。

◆この申込票の通信欄にご注文の書籍をご記入の上、書籍代金（本体価格＋消費税）に荷造送料を加えた金額をお払込み下さい。

◆荷造送料は、ご注文１回の配送につき380円です。

◆入金確認まで約７日かかります。ご諒承下さい。

振替払込料は弊社が負担いたしますから無料です。

※領収証は改めてお送りいたしませんので、予めご諒承下さい。

お問い合わせ　〒113-0033・東京都文京区本郷７―２―８
吉川弘文館　営業部
電話03-3813-9151　FAX03-3812-3544

この場所には、何も記載しないでください。

払込取扱票

02 東京

通常払込料金加入者負担

口座記号番号	金額
00100-5-244	千 百 十 万 千 百 十 円 ※

加入者名　株式会社 吉川弘文館

料金 ／ 備考

ご依頼人・通信欄

フリガナ
※お名前
郵便番号　電話
※ご住所
※

◆「本郷」購読を希望します

購読開始　　号 より

1年 1000円（6冊）　3年 2800円（18冊）
2年 2000円（12冊）　4年 3600円（24冊）
（ご希望の購読期間に○印をお付け下さい）

日附印

各票の※印欄は、ご依頼人において記載してください。

裏面の注意事項をお読みください。（ゆうちょ銀行）（承認番号東第53889号）

これより下部には何も記入しないでください。

切り取らないでお出しください。

記載事項を訂正した場合は、その箇所に訂正印を押してください。

振替払込請求書兼受領証

口座記号番号　00100-5-244　通常払込料金加入者負担

加入者名　株式会社 吉川弘文館

金額　千 百 十 万 千 百 十 円 ※

ご依頼人　おなまえ ※　様

料金

日附印

備考

この受領証は、大切に保管してください。

あげると、小角は三五歳のときに笠置山の竹林寺、三七歳で吉野寺、その翌年、山城の御室戸寺と海住山寺《かいじゅせんじ》を開基している（建造分）。このうち笠置山は天平勝宝三年（七五一）東大寺の実忠《じっちゅう》が竜穴から都率天《とそってん》の内院にいたった地とされている。また『諸山縁起』所掲の「一代峰縁起」では、笠置から長谷にいたる峰中の三〇ヵ所の宿をあげている。室町期には笠置山は北吉野とも呼ばれていた。海住山寺は良弁《ろうべん》が聖武《しょうむ》天皇の勅願で建立し、承元元年（一二〇七）笠置山の貞慶《じょうけい》が再興した寺で、室町時代には当山正大先達寺の一つとされていた。御室戸寺は宝亀年間（七七〇〜七八一）に同地に示現した千手観音を祀ったのにはじまるが、康和年間（一〇九九〜一一〇四）に園城寺《おんじょうじ》の修験僧隆明《りゅうみょう》によって再興された。

ついで小角は三九歳のとき、生駒岳で善童鬼・妙童鬼の二人の鬼を弟子として、この鬼を従えたところに生駒寺を開基しているが、この寺は現在生駒町鬼取にある鶴林寺とされている。さらに小角はこの年に大峰山系の主峰釈迦ヶ岳山麓の深仙で、竜樹から秘密の灌頂を授かっている。これは永徳三年（一三八三）聖護院門跡《しょうごいんもんぜき》良瑜《りょうゆ》によって開壇された深仙灌頂を権威づけるための神話と考えられよう。翌年小角は葛城山に金剛山寺を建立した。この葛城の金剛山寺は鎌倉期に長《ちょう》香《か》によって中興され、室町末期には大宿坊を中心として山内に脇寺六坊、近隣に金剛七坊を擁し、当山正大先達寺の一つとして栄えていた。

小角は、四九歳のときには大峰から熊野への逆峰、五〇歳のときは逆に熊野から吉野への順峰の峰入《みねいり》を行った（経歴分）。さらに翌年には吉野からわずかに一日で、相模国八菅山に行き、五・七日にわたって薬師の秘法を修し、薬師・地蔵・不動各一〇〇体を刻んだうえで吉野に帰っている。八菅山には平安末期に海老名氏によって建立された光勝寺があり、正応四年（一二九一）には、小野余流の阿闍梨《あじゃり》長喜と熊野本宮長床《ながとこ》執行の竹重寺別当顕秀《けんしゅう》が峰入している。その後衰退したが、応永二六年（一四一九）盛誉《せいよ》が足利持氏《あしかがもちうじ》の外護をえて再興した。

なお小角は五五歳のとき葛城山麓の生家を茅原寺とした。奈良県御所《ごせ》市茅原の茅原山吉祥草寺（本山修験宗、本尊五大明王）がこれである。五七歳で出羽国羽黒山に行き、大日如来・観音・不動・荼枳尼天・大黒天を刻み、その近くの山で五〇日間修行した。

小角は既述のように六二歳のときに伊豆大島に配流される。彼は配流先では、昼は禁を守って島にいたが、夜は富士、伊豆の天城・足柄・走湯・日金山・箱根、相模の大山雨降・日向（日向薬師）・八菅・江の島、駿河の富士山などで修行した。そして赦免を伝える勅使を海上を歩いて遠江まで迎えに出た。ちなみに遠江は当山正大先達の伊勢の世義寺《せぎでら》の勢力が強かった地域である。なお、帰国後彼は一言主神を呪縛して黒蛇にかえ、葛城山の東谷に投じた。六八歳になった小角は、葛城山・箕面・熊野・大峰・茅原寺などをめぐって修行し、大宝元年（七〇一）箕面山で、母を鉄鉢にのせて隠没した。

小角は「経歴分」によると、三七歳のときは東北の七山（第一回）、三八歳のときに関東・北

役小角の巡歴霊地一覧（略号は図に対応）

略号	国名	山名
1	**670年(37歳)東北**	
1-1	大和	大峰
1-2	出羽	羽黒
1-3	出羽	月山
1-4	出羽	湯殿山
1-5	出羽	金峰山
1-6	出羽	鳥海山
1-7	陸奥	秀峰(未詳)
2	**671年(38歳)関東・北陸**	
2-1	上野	赤城山
2-2	下野	二荒山
2-3	越後	伊夜彦(弥彦)山
2-4	越中	立山
2-5	加賀	白山
2-6	越前	越智山
2-7	近江	日枝山
2-8	山城	愛宕山
2-9	大和	金峰山
3	**673年(40歳)中部・関東**	
3-1	伊勢	内宮・外宮
3-2	尾張	熱田
3-3	三河	猿取(猿投社)
3-4	三河	峰寺(鳳来寺)
3-5	甲斐	白峰(白根山)
3-6	駿河	富士山
3-7	相模	足柄
3-8	相模	雨降(大山)
3-9	相模	箱根
3-10	伊豆	天木(城)
3-11	伊豆	走湯
3-12	相模	江ノ島
3-13	常陸	筑波山
3-14	常陸	鹿島・香取・浮巣(坂戸)
3-15	信濃	浅間山
3-16	甲斐	駒ヶ岳
3-17	甲斐	御岳(金峰山)
3-18	甲斐	鳳凰山
3-19	美濃	雨宮山
3-20	近江	伊吹山
3-21	近江	石山
3-22	大和	笠置
3-23	大和	葛城
4	**678年(45歳)中国・四国・九州**	
4-1	讃岐	八栗山
4-2	筑前	背振山
4-3	豊前	彦山
4-4	筑後	高羅(良)山
4-5	日向	霧島
4-6	土佐	足摺岬
4-7	伊予	石鎚山
4-8	薩摩	鹿児山
4-9	日向	檍ヶ原
4-10	日向	高千穂峰
4-11	日向	早日岳
4-12	日向	小戸の瀬戸
4-13	豊前	木綿山
4-14	豊前	宇佐山
4-15	肥後	阿蘇山
4-16	筑前	朝蔵山
4-17	筑前	御笠(宝満)山
4-18	筑前	宗像山
4-19	周防	面影山
4-20	周防	磐国山
4-21	安芸	厳島
4-22	備後	武部山
4-23	備中	湯川
4-24	備中	黒髪山
4-25	備中	弥高山
4-26	美作	塩垂山
4-27	播磨	青山
4-28	播磨	赤山(未詳)
4-29	石見	八上山
4-30	伯耆	手間(天万)山
4-31	出雲	杵築山
4-32	伯耆	大山
4-33	但馬	国山(未詳)
4-34	丹後	天の橋立
4-35	丹後	大山
4-36	丹後	大江山
4-37	山城	北峰(峰定寺)
4-38	大和	大峰山
5	**682年(49歳)熊野・近畿**	
5-1	紀伊	熊野三山
5-2	紀伊	三栖山
5-3	紀伊	百重山(未詳)
5-4	紀伊	真形山
5-5	紀伊	飽美等山
5-6	摂津	箕面山
5-7	摂津	毗陽(湯)山
5-8	摂津	麻耶山
5-9	和泉	荒山(未詳)
5-10	河内	生駒山
6	**683年(50歳)大峰**	
6-1	大和	玉置山
6-2	大和	剣光門
6-3	大和	大日ヶ岳
6-4	大和	釈迦ヶ岳
6-5	大和	空鉢ヶ岳
6-6	大和	七面山
6-7	大和	弥山
6-8	大和	西向野(小笹)
6-9	大和	吉野(2-9)
7	**688年(55歳)愛宕**	
7	山城	愛宕
8	**697年(64歳)伊豆**	
8-1	伊豆	大島
8-2	駿河	富士山(3-6)
8-3	伊豆	天木(城)(3-10)
8-4	相模	足柄(3-7)
8-5	伊豆	走湯(3-11)
9	**700年(67歳)京都**	
9	山城	京都

注　(　)内は現在の表記

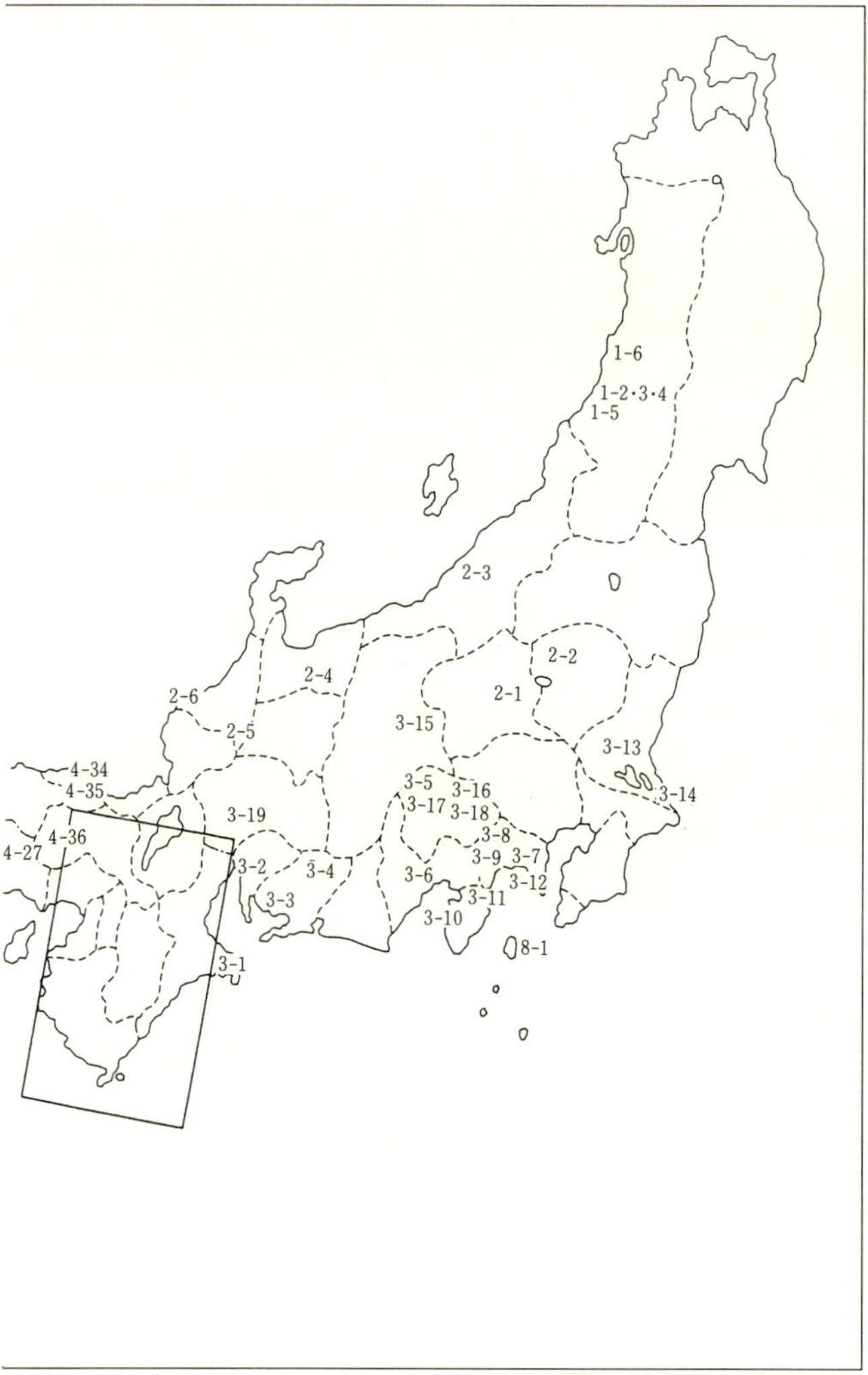
1-6
1-2・3・4
1-5
2-3
2-2
2-1
2-4
2-6
2-5
3-15
3-13
4-34
4-35
3-5
3-16
3-14
3-17
3-18
3-19
4-36
4-27
3-8
3-2
3-4
3-9
3-7
3-6
3-12
3-3
3-11
3-10
8-1
3-1

(数字は表の略号に対応)

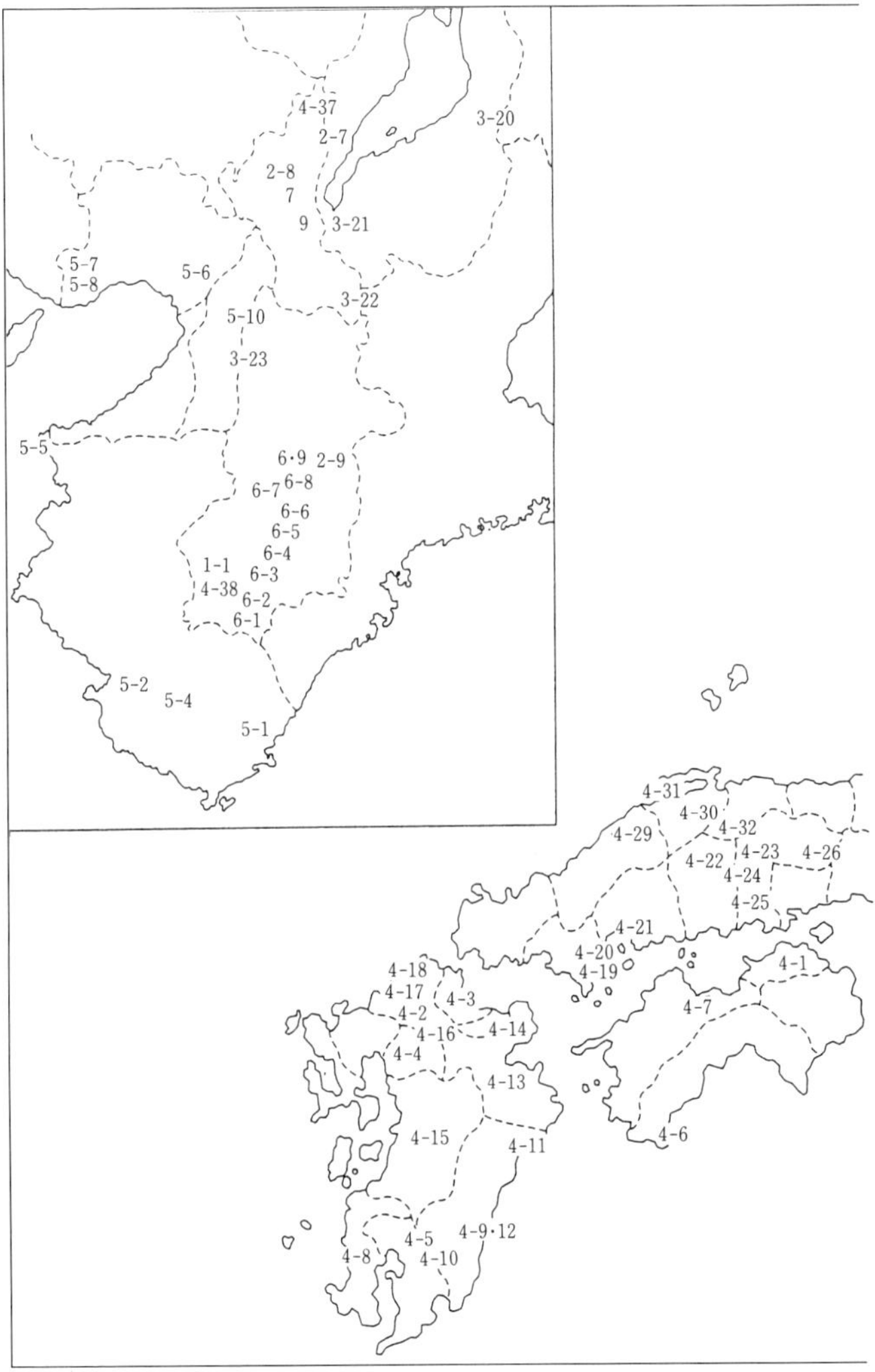

役小角の巡歴霊地分布図

陸・近畿の九山（第二回）、四〇歳のとき、中部・関東の二三山（第三回）、四五歳のときに中国・四国・九州の三八山（第四回）、四九歳のとき、近畿の一〇山（第五回）、五〇歳のとき大峰山系の九つの霊地（第六回）、六五歳のとき愛宕山（第七回）、六四歳のときに東海の五山（第八回）を巡錫し、六七歳のときは京都に赴いている（第九回）。これらに関しては、「役小角の巡歴霊地一覧」（一一一ページ）と「同分布図」（一一二〜一一三ページ）をあげておいた。

これをみると、小角が修行したとされる霊地は、中央の近畿では、大和の葛城・生駒・吉野・大峰、紀州の熊野、山城の笠置・海住山寺・御室戸寺、摂津の箕面寺、地方では、関東の伊豆大島・天城・走湯・日金山・箱根・大山雨降・日向・八菅・江の島、さらに富士山・遠江、出羽の羽黒におよんでいる。そしてこれらのなかでも、とくに葛城・大峰・吉野・熊野・生駒・羽黒・八菅などが重視されている。それゆえ、これらの地が室町時代末期ごろに修験の霊山として重視されていたことが推測されるのである。

役行者巡錫の霊地

以上『役行者本記』の「奇特分」「建造分」の霊地や寺院と「小角経歴分」所掲の諸霊山の一覧をあげておいた。そこで以下、これらの霊山や霊地の性格や相互の関係を解明することにしたい。まず第一回のときは、出羽三山と鳥海・金峰というように出羽国の相互に関連をもつ霊山と奥州の秀峰を巡って大和に帰っている。奥州の秀峰が特定の山か普通名詞か定かでないが、周囲の早池峰《はやちね》山・岩木山・岩手山・磐梯山などはなぜか含まれていない。第二回目には、赤城山・日光山から北陸路の山々、日枝山・愛宕山をへて、金峰に帰っている。このうち赤城・日光は神の戦いの伝説で知られ、白山と越智《おち》山はともに泰澄《たいちょう》を開山としている。なお『義経記』の義経一行が羽黒・熊野の山伏に扮して比叡山から北陸経由で羽黒をへて平泉に落ちる話や『太平記』所掲の羽黒山の雲景《うんけい》が京都の今熊野滞在中、愛宕山で魔王の衆会を見る話などから推測すると、この第一回・第二回の巡路は室町後期の熊野や羽黒の山伏にとっては、なじみ深いものと思われる。

つぎに第三回目には、伊勢・熱田から三河・駿河・伊豆・相模と東海道を進み、常陸の霊山をまわったあと信濃から中山道を通り、石山寺・笠置山をへて葛城に帰る道がとられている。その際、この行程中、富士・二所権現・足柄・大山・江の島など、伊豆・相模の霊山がとくに多くあげられている。なお、「奇特分」では、これらに加えて、八菅・日向・日金山の巡歴をあげ、伊豆に配流された小角が修行した山にもこれらがあげられている（「経歴分八」）。これは最初に述べたように『役行者本記』が伊豆修験の手になることを裏付けているといえよう。なお、この巡歴で古来常世の地とされた常陸の鹿島・香取・浮巣《うきす》が目的地ともいえる位置を与えられていること、上信・甲信の国境の山々、東国への入口の熱田・足柄峠・不破関（不破の中山）など境界の霊地が重視されていることが注目される。ただなぜか、三峰山・武州御岳《みたけ》など武蔵の山々は含まれていない。なおこの巡歴の帰路、近畿では石山と笠置山を訪れているが「建造分」には小角建立の寺として石山近くの御室戸寺、笠置山の竹林寺、その近くの海住山寺をあげている。また帰着地は葛城山とされているが、これは伊豆・相模の霊山を多く含むこの三回目の巡歴を、葛城の呪術宗教者役小角を伊豆に配流したとする史実に対応させる試みと思われる。

西国の巡錫地は三つに分けることができる。第一は讃岐の八栗岳《やぐりだけ》（五剣山）、九州の背振山《せぶりやま》・彦山《ひこさん》・霧島、土佐の足摺《あしずり》、伊予の石鎚《いしづち》という航路にそった四国・九州の霊山である。第二は九州の薩摩から日向・豊前・筑紫から山陽道をへて播州の書写山の寺領にある青山・赤山にいたるもの、第三は石見の八上山をふり出しに、山陰道をへて北峰（北大峰）にいたるもので、この三つの巡歴後大峰山に帰っている。なお所掲の霊地のなかでは、九州が一六でもっとも多くなっているが、とくに第一の背振山・彦山を中核とする北九州と霧島をはじめとする日向が各六を数えている。ちなみに背振山と霧島はともに山陽道の終着地青山ゆかりの書写山の性空《しょうくう》が巡歴した山である。もっともこの薩摩から山陽道・山陰道の霊地は、宇佐・宗像《むなかた》・厳島《いつくしま》・出雲などの大社や天橋立・屋島など名所旧跡が並べられている。また阿蘇の所在地を日向、面影山《おもかげやま》を長門とするようなあきらかなまちがいも認められる。それゆえ、これらは著者が当時西国で霊山とされているものを風聞にもとづいて列記したとも考えられよう。

近畿地方の巡歴地では、吉野から熊野への逆峰後、中辺路《なかへじ》から加太《かた》をへて、箕面にぬけ、有馬の温泉寺・麻耶《まや》山・荒山をへて、最後に遊戯の地である生駒に帰っている。ここではとくに紀伊

愛読者カード

本書をお買い上げいただきまして、まことにありがとうございました。このハガキを、小社へのご意見またはご注文にご利用下さい。

お買上書名

＊本書に関するご感想、ご批判をお聞かせ下さい。

＊出版を希望するテーマ・執筆者名をお聞かせ下さい。

お買上書店名　区市町　書店

ご氏名《ふりがな》				年齢　　歳　男・女
〒 □□□-□□□□			電話	
ご住所				
ご職業			所属学会等	
ご購読新聞名			ご購読雑誌名	

今後、吉川弘文館の「新刊案内」等をお送りいたします(年に数回を予定)。
ご承諾いただける方は右の□の中に✓をご記入ください。　□

注 文 書

月　　日

書　名	定　価	部　数
	円	部
	円	部
	円	部
	円	部
	円	部

配本は、○印を付けた方法にして下さい。

イ．下記書店へ配本して下さい。
（直接書店にお渡し下さい）

（書店・取次帖合印）

書店様へ＝書店帖合印を捺印下さい。

ロ．直接送本して下さい。

代金（書籍代＋送料・手数料）は、お届けの際に現品と引換えにお支払下さい。送料・手数料は、書籍代計1,500円未満530円、1,500円以上230円です（いずれも税込）。

＊お急ぎのご注文には電話、FAXもご利用ください。
電話 03−3813−9151（代）
FAX 03−3812−3544

路と大坂近辺の霊地があげられている。

次に第六回の熊野から吉野への順峰では、峰中の霊地があげられているが、とくに、剣光門《けんこうもん》と西向野《にしむかいの》（小笹）で灌頂をし、玉置山と弥山では護摩《ごま》をたいている。なお「奇特分」でも深仙をはじめとする大峰山中の霊地があげられている。このように大峰修行の熊野から吉野への順峰の項に、当時とくに重視された峰中の霊地をあげていることは、本書が熊野修験の影響の下に成立したことを物語っているといえよう。

なお「終焉分」によると、役小角は葛城・箕面・熊野・大峰・茅原寺を巡歴後、箕面で隠没したとしている。それゆえ、小角が最後に巡歴したとされるこれらの地が室町末に近畿地方で修験道の中心霊場とされていたと考えられよう。

役行者ゆかりの霊地

『役行者本記』所掲の室町末ごろの修験霊山を分類すると、つぎの五種類に分けることができる。

第一は古来、修験道の霊山とされた所である。すなわち、まず中央では大峰・吉野（金峰）・熊野・葛城・箕面・生駒・愛宕山である。このうち、吉野には吉野本院とされた吉野寺、葛城には金剛山寺と茅原寺が建立され、大峰山中には玉置・深仙・弥山・小笹などの霊地が設けられている。つぎに地方では出羽三山と、彦山を中心とする宝満山・背振山などがある。なお羽黒と彦山はともに熊野の影響を強くうけている。

第二は上記の出羽三山、彦山以外の地方霊山すなわち、日光・赤城・富士・二所権現（伊豆・箱根）・八菅・筑波・白山・越智山・立山・伊吹・伯耆大山・石鎚・霧島・阿蘇などである。これらの霊山は時代によっては仏教や神道の要素も包摂している。

第三は地域の民間信仰と密接に関連する地方霊山である。具体的には甲信地方の浅間・金峰・白根山・駒ヶ岳・鳳凰山、相模の大山雨降や日金山、三河の峰堂（鳳来寺）、播州の青山、備中の湯川山や黒髪山《くろかみやま》、豊前の由布《ゆふ》山などである。

もっともこの第一から第三までは『役行者本記』の記載や室町期までの各霊山の展開をもとに、修験的な性格の強いものから希薄なものへと三つに分類したものである。

第四は伊勢・熱田・宇佐八幡・宗像・出雲大社・鹿島・香取をはじめ諸国の一宮や式内社などの地方の大社である。これは室町期は熊野系修験がこれらの神社と関係をもち、その森や背後の山を霊山として崇めていたことを示している。

第五は古来の名所旧跡である。具体的には日本三景の天橋立、厳島、源平古戦場の屋島（八栗山）、源　頼光《みなもとのらいこう》の鬼退治の丹波の大江山や丹後の大山、神話の舞台とされた高千穂・速日岳《はやひのたけ》、小《お》戸《ど》の瀬戸・檍《おく》が原、歌によまれた塩垂山《しおたれやま》・弥高山《やたかやま》・磐国山《いわくに》などである。とくに歌枕にかかわる霊地が多いことは、平安時代に久米の岩橋が好んで歌によまれていたことと対応して興味をそそられる。なお足柄峠・不破峠（南宮山）、磐国山など陸上交通の要所、東国の入口の熱田、海上交通と関連する厳島・足摺岬など、いわば境界領域ともいえる場所が修験道において霊地とされていることが注目される。また西国においては、瀬戸内海から九州への海上交通と関係した八栗山・厳島・石鎚山・磐国山・面影山・背振山などが霊山とされている。

『役行者本記』の伝承の特徴

このように伊豆と相模を本貫の地とし、熊野・大峰など近畿霊山で修行した熊野系修験の手になると推測される『役行者本記』では、近畿地方の修験霊山の寺院の建立や諸国への巡錫、箕面や大峰での受法伝承にくらべると、従来の役小角伝にみられる岩橋・一言主神の讒言・伊豆配流・処刑・一言主神の呪縛などのモチーフのものはあげられてはいるものの、あまり重視されていない。道昭《どうしょう》の法筵の話にいたってはまったく記されていないのである。それゆえ、この『役行者本記』はさきに紹介した『修験修要秘決集』所収の「役行者略縁起」の伝承に役小角による修験寺院の開基や諸国巡錫を加えた形をとっているということもできよう。このように、室町時代の修験道における役小角伝は結局、役小角の系譜、特異な出生、宗教性と竜樹からの受法のモチーフを中核としている。そしてさらにこの験力《げんりき》をもとにして役小角が大峰山をはじめ諸国の山岳を修行道場として開いていったことを強調する形のものになっているということができるのである。

近世の教派修験と役行者伝承

教派修験の成立と展開

本・当両派の成立

戦国時代（一四六七〜一五〇八）末から安土桃山期（一五六六〜一六〇〇）の修験道界では、熊野三山検校《けんぎょう》を重代職とした聖護院門跡《しょうごいんもんぜき》が各地の熊野修験を掌握して本山派を形成し、大きな勢力を有していた。本山派では、聖護院門跡またはそのもとにあって、熊野修験支配の実務を担当した京都の若王子《にゃくおうじ》乗々院《じょうじょういん》が、各地の有力な熊野修験に霞《かすみ》と呼ばれる一定の地域とその地域の末派修験の支配や檀那の熊野など霊山への先達《せんだつ》・配札・加持祈禱《かじきとう》を認める年行事の職を与えていた。その際聖護院門跡はその地を支配する守護大名に、彼らのこうした活動を安堵させていた。とくに豊臣秀吉の帰依《きえ》を受けて京都方広寺《ほうこうじ》大仏殿の初代住職となった二五代熊野三山検校道澄《どうちょう》（一五四四〜一六〇八）らによって、本山派は修験道界の主流をなしていた。

『修験十二箇条本山方』『修験十二箇条当山方』による本・当両派の概要

	本山方	当山方
1 宗旨名義	実行を修し、法成を験ずるの儀	修持得験の儀
2 専門勤行	大峰葛城の両峰修行	御岳精進
3 門徒教化	顕密二教・両峰修行・深仙灌頂	阿闍梨が上求菩提、下化衆生を教える
4 加持祈禱	採灯大護摩・玉体加持・高加持・武具加持・病者加持・七社引導・七五三祓・息災増益などの壇法	寄加持・立印加持・護摩供養(息災・増益・敬愛・鉤召・降伏)など
5 本尊	不動明王・蔵王権現・金剛童子・法起菩薩・大峰葛城鎮座の諸尊	峰本尊・宿本尊・床本尊、不動明王
6 専読誦経	修験懺法・孔雀明王経・不動経・神変大菩薩講式・阿弥陀経・法華経	諸尊の神呪・陀羅尼、三部の秘密経、金光明・法華・仁王・孔雀・般若の諸経
7 法服	天台衣・修験衣	鈴懸衣
8 仏具并僧具	普通の仏具、峰中僧具	山伏十六道具、僧具
9 僧侶官位次第	院家・院室・求菩提山・竈門山・先達・公卿・年行事・御直末院・准年行事・役僧触頭・諸同行	一僧祇(権律師・法橋)、二僧祇(権少僧都・法眼)、三僧祇(権大僧都・法印)
10 諸寺院転任次第	妻帯修験者は嫡子を附弟にして相続	血統相続
11 寺務・衆僧職掌	門跡(三山検校)、院家、三山奉行・若王子、院室、求菩提山・竈門山両座主、峰中出世、長床宿老、直参、参仕修学者、先達、年行事、直末院、准年行事、別当、諸同行	初入峰(新客)、二度以上(度衆)、九度(大越家)、三十六度(大先達)
12 宗派各別	霞支配、神変大菩薩の嫡流で本山と称す	袈裟筋支配、伊勢方・熊野方・地客方

一方、大和を中心とする近畿地方の諸大寺の修験は、大峰山で修行し、山内の小笹を拠点として、当山正大先達衆と呼ばれる結衆を形成した。彼らは勧進聖《かんじんひじり》的性格をもち、全国を遊行《ゆぎょう》して各地に袈裟下《けさした》と呼ばれる同行を作っていった。そして山上ヶ岳の奥の小笹で集会を開いて、弟子の補任・昇進などを協議した。この支配形態を本山派の霞一円支配に対して袈裟筋《けさすじ》支配と呼んでいる。ただ正大先達衆が個別に各地の同行を掌握する袈裟筋支配は、本山派の霞一円支配と抵《てい》触《しょく》するためにその活動もままならなかった。そこで当山正大先達衆は、彼らが始祖と仰いだ聖《しょう》宝《ぼう》（八三二〜九〇九）を開山とする醍醐寺《だいごじ》を本寺に頂くようになった。

江戸幕府は醍醐寺の三宝院《さんぼういん》門跡に当山正大先達衆を掌握させた。これは幕藩体制下において各地を遊行する当山正大先達衆とその配下を醍醐三宝院の統制下に置いて、その活動を封じることにあったと思われる。そのうえで、慶長一八年（一六一三）五月二一日に修験道法度を定めて、本山派と当山派は同等であるとして、本山派の当山派修験からの入峰役銭の徴収禁止を申渡した。そして江戸時代を通じて、本山派と当山派を競合させる政策をとったのである。ちなみに、時代は下るが天保一二年（一八四一）に寺社奉行阿部伊勢守の問に対する答書である本・当両派の『修験十二箇条』によると両派の概要は、一二三ページの表のとおりである。

本・当両派の確立

本山派は熊野三山検校の聖護院門跡を門主とし、熊野三山奉行の若王子乗々院・住心院・積善院《しゃくぜんいん》・伽耶院《がやいん》などの院家、地方の二七先達とその配下の年行事と准年行事、末端の同行（一般修験者）からなる縦断組織と、いわば門跡直属の形で包摂した九州の竈門山《かまどやま》（宝満山）・求菩提山《くぼてさん》、備前児島の五流一山など中世以来の一山組織から成り立っていた。なお院家・先達はほぼ国単位で割りあてられた霞をそれぞれの配下の年行事や准年行事に分割して与えていた。けれども江戸時代中期以降になると年行事・准年行事が家職化したために、地方で急速に勢力を延ばした修験は在来の支配系統に属することを快しとせず、むしろ聖護院門跡や有力な院家の直末寺院《じきまつ》となっていった。なお幕府は元禄（一六八八〜一七〇四）ごろから、各教派に江戸に幕府と各本山との窓口にあたる江戸触頭《ふれがしら》を設置させた。これに応えて本山派では江戸の氷川神社別当大乗院をこの職に任じている。

当山派では醍醐三宝院門跡高賢《こうけん》（?〜一七〇七）が寛文八年（一六六八）に三宝院門跡としてははじめて小笹に峰入した。そして当山正大先達衆が舒明天皇の印と役行者の印を押して出していた補任状に、自己の花押の印形を三宝院門跡の印（聖宝の印ともいう）との名のもとにあわせて押させるようにした。それのみでなく三宝院門跡が直接に当山派の山伏に補任を出しはじめた。また吉野鳥栖《とりすみ》の聖宝の廟所の鳳閣寺で、聖宝が大峰山で役行者の導きで竜樹《りゅうじゅ》から授かった灌頂《かんじょう》を開壇したとの伝承にもとづく、恵印《えいん》法流を創始した。さらに元禄一三年（一七〇〇）には江戸の当山派修験の戒定院《かいじょういん》を鳳閣寺と改称した。そして江戸鳳閣寺住職に吉野の鳥栖鳳閣寺と当時当山正大先達の修験が数多く分布した駿遠両国の拠点浜松二諦坊《にたいぼう》の住職を兼ねさせた。また江戸鳳闍寺を当山派諸国総袈裟頭に任じて三宝院の当山派山伏支配の代官とし、あわせて当山派の江戸触頭に任命した。こうして当山派では醍醐三宝院による当山正大先達衆、さらにその配下の当山派修験の直接支配がはじまったのである。

神変大菩薩の諡号

宝永四年（一七〇七）聖宝に理源大師の諡号《しごう》が授けられ、三宝院ではこれを寿《ことほ》いで翌宝永五年に理源大師の八〇〇年御遠忌《ごおんき》の法要を盛大に行った。その後寛政一一年（一七九九）には役行者に神変《じんべん》大菩薩の諡号が授けられた。この神変大菩薩の諡号の授与は聖護院に対してなされたものである。その聖勅は次のようなものである。

勅す、優婆塞《うばそく》役公小角は、海岳抖擻《かいがくとそう》の巧、古今辛苦の行、前は古人を超え、後は来者を絶す、若《も》し夫《そ》れ妙法明教の四海に施すや、神足《しんそく》僊脚《せんきやく》の五方に遍《あまね》きを以《もつ》て非《あら》ずや、是《これ》を以て、千年の久しく、磬香《けいこう》愈々《いよいよ》遠く、衆生の仰ぐ、瓜瓞《かてつ》益々《ますます》盛《さかん》なり、天女の霊夢空しからず、神前の嘉瑞《かずい》爰《ここ》に応ず、因《よつ》て特寵を示し、以て徽号《きごう》を贈る、宜《よろ》しく神変大菩薩と称すべし。

なお、聖護院ではこれを寿いで翌一二年箕面《みのお》山で神変大菩薩一一〇〇年御遠忌を盛大に行っている。また当山派でも同年四月六・七日に醍醐寺で御遠忌の法要が行われた（口絵4）。

行学の振興

江戸時代には幕府の教学振興政策もあって、つぎのような種々の書物や儀軌《ぎき》がつくられた。

第一は『修験修要《しゅよう》秘決集』を注釈したり、その一部をとりだして注釈を加えてまとめる形をとった教義書である。主なものには近世初頭に成立した『修験修要秘決集』の七分五〇通の注釈書の『修験記』全一〇巻がある。なおこのうちの前の四分、三三通は『修要鈔』とも呼ばれている。また室町後期の『修験三十三通記』に彦山《ひこさん》の切紙《きりがみ》を加えてまとめたものに『修験宗旨書』がある。このほか延宝二年（一六七四）『修験記』の衣体分《えたいぶん》一二通に常円が手を加えたものに『修験宗法具秘決精註』、寛永年間（一六二四～四三）ごろに日向国の当山派修験宥鑁《ゆうばん》が修験の法具を解説した『資道什物記《しどうじゅうもつき》』、『修験三十三通記』の山伏の字義に関する切紙をまとめた『山伏二字義』などが著された。また『修験修要秘決集』の「極秘分七通」（峰入の切紙）を増補修正した『峰中秘密記』、柱源《はしらもと》に関する切紙をまとめた『柱源《はしらもと》秘底《ひてい》記《き》』なども著されている。

　第二は本・当両派が、それぞれ自己の宗派の特徴を一般に知らせる目的で編集した教義書や啓蒙書の類である。まず本山派のものには、寛永八年（一六三一）に聖護院塔頭《たっちゅう》の大善院がまとめた『修験用心巻』、貞享四年（一六八七）に成る『修験日用見聞鈔』、役行者が神変大菩薩の諡号を受けた寛政一一年（一七九九）に積善院僧牛《しゃくぜんいんそうぎゅう》が記した『修験学則』、天保五年（一八三四）に三井寺法明律院《ほうみょうりついん》の敬長が記した『本山修験略要』などがある。一方、当山派のものには、まず寛文一二年（一六七二）に会津若松の常円が、聖宝の『修験心鑑之書』に注釈をほどこしたとする『修験心鑑鈔』がある。もっともこれは常円の著と考えられるものである。このほか三五世三宝院門跡房演《ぼうえん》（一六六七～一七三六）が記した『修験秘記略解』、寛保二年（一七四二）に江戸鳳閣寺住職俊堅《しゅんけん》が著した『当山門源記』、享保五年（一七二〇）に尾張の当山派修験、歓験がまとめた『修練秘要義』や江戸の当山派修験明存《みょうそん》が寛政四年（一七九二）に著した『客道名服説』などがある。なお近世末には当山派惣学頭の行智《ぎょうち》（一七七八～一八四一）が考証的な修験書『木《こ》葉衣《はごろも》』『踏雲録事《とううんろくじ》』などを著している。またその弟子の行阿《ぎょうあ》は『修験修要秘決集』の詳細な注釈書『修要秘決伝講筆記』を著している。

第三は本山派の水戸修験祐誠《ゆうじょう》が記した『役公徴業録《えんこうちょうごうろく》』、当山派の雲外《うんがい》の『修験行者伝記』、蓮《れん》体《たい》の『役行者霊験記』や考証学的な役小角伝である『役行者顛末秘蔵記』、秀高《しゅうこう》の『役君形生《えんくんけいせい》記《き》』などが刊行された。これらについてはのちに詳論したい。

第四は『峰中式目』『峰中作法』『峰中十種作法』などの峰入《みねいり》の作法、本山派の修験柱源作法、当山派の恵印法流の諸作法、本山派の『修験要法集』や『諸供作法』『本山修験勤行要集』、当山派の『修験常用集』『修験常用秘法集』などの儀軌や作法集である。これらには「役行者供」「役行者講式」「役行者和讃」などが含まれている。また役君より伝授されたと付記した次第や切紙もあらわれた。

諸霊山の動向　江戸幕府は、徳川家康の廟所東照宮を擁した日光山の門主に、江戸の東叡山寛《とうえいざんかん》永寺《えいじ》の住職、さらに天台座主《てんだいざす》を兼ねさせた。そしてこの三職を兼認する輪王寺《りんのうじ》門跡を設けて、天台宗を統轄させた。古来日光は修験の道場として栄えており、鎌倉後期の役行者・前鬼後鬼《ぜんきごき》・八大童子を描いた峰中の宿に掛けられた板絵を伝えている。江戸時代も一坊と称する修験が春の華供峰《はなくのみね》、冬の峰、惣禅頂《そうぜんじよう》（夏一日ずつずらして三組の一坊が抖擻する）などの峰入を行った。

このように日光が天台宗の主流となったことから、吉野山・羽黒山などの修験霊山は輪王寺門跡に所属した。彦山にしても、輪王寺門跡の働きかけで、本山派からの独立を認められたのである。もっとも吉野の金峰山《きんぶせん》には天台方の寺僧の他に真言方の満堂《まんどう》もいた。そして満堂の桜本坊《さくらもとぼう》は当山正大先達であった。また喜蔵院・南陽院・真如院は天台宗寺門派を兼ねた本山派の修験であった。

羽黒山は輪王寺門跡に属し、日光から派遣された別当代によって支配された。けれども一山では羽黒山上の三先達（華蔵院・智憲院・正穏院）、奥院ともいえる荒沢寺《こうたくじ》の三宿（聖之院・北之院・経堂院）を中心に四季の峰入を行った。そして東北から関東にかけての羽黒修験に秋の峰などの際に補任を与えて掌握していた。彦山は役行者の伝法血脈者と位置づけた世襲の座主《ざす》のもとに、修験・天台兼帯の衆従方、峰入を主とする行者方、松会《まつえ》など神事にあずかる惣方《そうかた》が一山を構成し、春秋の峰入を行って、九州から西中国におよぶ檀那《だんな》を擁していた。

近世中期以降になると庶民が在俗の先達に導かれて積極的に霊山に登拝するようになった。中央では山上ヶ岳の山上蔵王堂《ざおう》（現、大峯山寺）に大坂や堺の在俗信者が山上講を組織して登拝した。彼らは山上ヶ岳の表・裏の行場で修行し、山上蔵王堂に祀られた役行者に参詣した。羽黒山・月山《がっさん》・湯殿山の出羽三山にも、東北から関東にかけての多くの道者が登拝した。日光でも在俗者の男体山禅定《ぜんじょう》が行われた。一方、富士山では表口の村山修験は本山派として活躍したが、近世中期以降は、裏口の富士吉田を登拝口とした富士講が大きな勢力を有していた。木曽御岳でも本山派修験の普寛《ふかん》、木曽谷の覚明《かくみょう》によって軽精進での登拝がはじめられて、中部から関東にかけて数多くの御岳講《おんたけこう》が形成された。四国の石鎚山《いしづちさん》でも在俗の講員が絶壁を鎖をたよりにのぼる鎖禅定《くさりぜんじょう》を行って登拝した。このように近世中期以降になると全国各地の霊山で民衆の講による霊山登拝が盛行したのである。

教派修験の役行者伝承

本・当両派の系譜と役行者

近世期の本・当両派の系譜における役行者の位置づけをみると、本山派では、『深仙灌頂《じんぜんかんじょう》系譜』『聖門御累代記《しょうもんごるいだいき》』『本山修験伝記』（修疏Ⅲ）のいずれにおいても、役行者を初代として簡単な略伝を付している。そして以下、義学《ぎがく》・義《ぎ》玄《げん》・義真《ぎしん》・寿元《じゅげん》・芳元《ほうげん》・助音《じょおん》・黒珍《こくちん》・日代《にちだい》・日円《にちえん》・長円《ちょうえん》の一〇代弟子をへて円珍《えんちん》がその法脈を継承し、以後天台寺門派の歴代がその法脈を継承する形をとっている。ただし、『聖門御累代記』では円珍の次に聖宝《しょうぼう》を挿入し、あとは聖護院《しょうごいん》の法脈となっている。

なお『深仙灌頂系譜』所掲の略伝では、役行者は仙人の渡都麻呂《ととまろ》を父、白専《しらとう》を母として舒明天皇六年（六三四）一月一日に茅原《ちはら》で生まれた。一〇歳で金剛山に登り、一七歳のとき叔父の僧願《がん》慶《けい》について得度《とくど》を受け、藤皮を着、松葉を食して『法華経《ほけきょう》』と孔雀明王《くじゃくみょうおう》の呪を持して修行した。

二五歳のときには箕面《みのお》の滝窟で竜樹《りゅうじゅ》から秘密灌頂を受けた。また金剛山では法起《ほっき》菩薩に謁した。朱鳥九年（六九五）一言主神《ひとことぬしのかみ》に託言されて、伊豆大島に配流されたが、文武天皇元年（六九七）には許されて帰京した。大宝二年（七〇二）六月七日、六八歳のときに箕面山から唐に飛び去った。なおこの略伝ではこのほかに、役行者は釈迦の化身でインドでは毘経《びきょう》大士、中国では香積《こうしゃく》仙人、日本では役行者と生まれた。一九歳のときの大晦日に熊野に詣で、翌春に熊野から大峰に、七月に金峰から熊野へと修行した。これが順逆の峰入《みねいり》のはじまりである、との記載もなされている。一方、『聖門御累代記』には本文の前に大日・釈迦・迦葉《かしょう》などをへて竜樹にいたる系譜をあげている。ただし、本文では、誕生と順逆の峰入と尊形をあげるのみである。『修験伝記』では、伝記は『役公徴業録《えんこうちょうぎょうろく》』にあるので略すとし、寛政一一年（一七九九）の諡号《しごう》の授与のことのみをあげている。

当山派の系譜には当山正大先達《せんだつ》衆の間に伝わった『極深秘法派《ごくじんぴほうみゃく》』と当山派法頭の醍醐三宝院《だいごさんぽういん》伝来の『当山修験伝統血脈』の二種がある。前者は当山正大先達衆の一臈《ろう》として全体をとりしきる大宿《おおしゅく》が相承する御黒箱に当山永宣旨《えいせんじ》、役行者の修行記（峰書）とともにおさめられていたものである。この法脈では、大日如来・金剛薩埵《こんごうさった》・竜樹の次に行者（役行者をさす）をあげている。そして行者のところに割り注で役行者が入峰修行の御記（峰書）、舒明天皇の永宣旨、御霊印などを当麻寺《たいまでら》におさめて入唐《にっとう》したと記している。つぎは元明《げんめい》天皇であるが、ここには、天皇が峰書と勅印が当麻寺にあることを聞き、内裏《だいり》に取り寄せて王宮に置かれたとある。以下、元正《げんしょう》・聖武・孝謙・廃帝（淳仁《じゅんにん》か）・称徳《しょうとく》・光仁《こうにん》・桓武・平城《へいぜい》・嵯峨と続く。そして嵯峨天皇が昌阿《しょうあ》上人に宮中にあった永宣旨・御霊印・峰書を熊野本宮証誠《しょうじょう》殿に納めさせたとしている。つぎの聖《しょう》宝《ぼう》の注記には、彼が宇多《うだ》上皇の命で災厄をもたらす大蛇を退治するために大峰に入ったとき、深仙の窟で役行者から自分の法記（峰書など）が熊野証誠殿にあるので、それをもとにして当山（金峰山《きんぷせん》）で祈禱して、国家安寧・衆生《しゅじょう》救済をはかるようにとの夢告を受けて、大蛇を退治したとしている。このあと恵観《えかん》、雲慶《うんけい》、昌海《しょうかい》、内山永久寺の寂真《じゃくしん》と続き、つぎの延雅《えんが》の時に三十六所の勅願寺に先達職が与えられたとして、以下の系譜には三十六正先達寺の修験が適宜にあげられている。ここでは本山派の十代弟子のかわりに元明以下の一〇人の天皇をあげるとともに、聖宝が役行者の法を受け、それを当山正大先達衆が継承していることが示されている。また当山派の正統性を示す永宣旨、峰書などが当麻寺・宮中・熊野証誠殿に安置後、役行者の夢告で聖宝が授かったとしている。これに対して『当山修験伝統血脈』では大日如来・金剛薩埵・竜猛《りゅうみょう》（竜樹）菩薩・役小角・聖宝尊師をあげ、このあとの観賢《かんげん》以下は貞崇《じょうすう》・助賢《じょげん》・蔵算《ぞうさん》・元助《げんじょ》など、聖宝の恵印《えいん》灌頂にかかわった者を加えたほかは、ほぼ東密小野流の血脈に準拠している。ちなみに天保一二年（一八四一）に寺社奉行阿部伊勢守の答書に本・当両派が応えた『修験十二箇条』（一二三ページ）を見ると、本山派では、修験は神変《じんぺん》大菩薩が弟子義学とともに『法華経』二八品を葛城に納め、胎金両部の曼荼羅《まんだら》を熊野・大峰に敷いて、深仙灌頂をはじめたのに始まり、その後は円珍《えんちん》によって継承されたとしている。一方、当山派では、修験の名義は役小角が孔雀明王の呪法を修し、異験力を得たことにはじまるとしつつも、祖師理源《りげん》大師が弟子の観賢・貞崇とともに撰した恵印法流の三度灌頂、七壇行法を主なものとするとしているのである。

役行者を高祖とする本山派と、役行者から秘法を授かった聖宝を元祖とする当山派とでは、教義書における役行者のとりあつかい方にも微妙な相違をみせている。

本山派と役行者

まず本山派の教義書を見ると、初期の『修験用心巻』と『修験宗旨書』ではともに『修験修要秘決集』所収の「役行者略縁記」と『元亨釈書《げんこうしゃくしょ》』の「役小角伝」をほぼそのまま収録している。ただし『修験用心巻』では役小角の幼名を月若丸とし、生まれてすぐ四句文「諸悪莫作《まくさ》、衆善奉行、自浄其意《ごい》、是諸《ぜしょ》仏教」を唱えたとの奇跡をあげている。その後の貞享四年（一六八七）の『修験日用見聞鈔』では、役行者は舒明天皇六年（六三四）に誕生し、箕面の滝穴で竜樹から両部秘密の灌頂を受けた。そして最後はこの地から渡天したとしている。また役行者は密号を法起菩薩というが、これは迦葉が日本に法起菩薩の姿をしてあらわれて、華厳《けごん》の説法をしたことを示すとしている。なお役行者が神変大菩薩の諡号を受けた寛政一一年（一七九九）に積善院《しゃくぜんいん》僧牛《そうぎゅう》が著した『修験学則』では神変大菩薩は竜樹から密法を伝えられ、両峰修行によって衆生救済をはかったとしている。天保五年（一八三四）の『本山修験略要』ではこれをさらに展開して、本山修験宗は高祖役公《えのきみ》が竜樹から阿字法を授かったのにはじまる正統な修験である。高祖はその後熊野に胎蔵界、金峰に金剛界の曼荼羅、葛城《かつらぎ》に法華経を敷いたとしている。このほか、文久四年（一八六四）の奥州三春浄明院立観《じょうみょういんりっかん》の『本山修験道意略問答』でも神変大菩薩は釈迦如来の六年の苦行にちなんで両峰抖擻《とそう》の練行をはじめ、これを修験の成仏の要路としたとしている。

当山派と役行者

一方、当山派の初期の教義書『修験心鑑鈔《しんかんしょう》』では、小角を賀茂役公《かものえのきみ》氏としつつも、註記では小角の母は、加茂明神の末葉だったが悪女ゆえ三〇歳になっても夫がいなかった。ところが牛の角を呑んだ夢をみて妊娠したので、その子を小角と名付けたとしている。また竜樹から不動の心地を得て菩薩と称することを認められ、舒明天皇から修験の本旨をきかれた、など独自の伝承をあげている。享保三年（一七一八）三宝院門跡房演《さんぼういんもんぜきぼうえん》の『修験秘記略解』では、当山・本山の山伏の元祖の役行者は舒明天皇のときに出生し、三二歳のとき、家を出て大峰・葛城で修行し山伏の名義を立てた。また大峰山は役行者が開基し、当山元祖の聖宝が再興したとしている。ちなみに同書では聖宝と聖徳太子と聖武天皇を日本の三聖としている。また江戸鳳閣寺俊堅《しゅんけん》の『当山門源記』では、役行者は法起菩薩の権化で、大峰・葛城の巌窟で三十余年修行し、竜樹から修験門の秘法を受けたとしつつも、役行者の遺法も、聖宝によって現代まで相伝されたとしている。当山派の本格的な教義書である歓験の『修練秘要義』では、役行者を大日如来の応化《おうげ》、不動明王の垂迹《すいじゃく》とする。しかし父はなく、母が金色の独鈷《とっこ》を呑む夢をみて受胎し、七ヵ月で出産した。生まれたときに頭に独鈷の形の隆起があったので小角と名付けられた。七歳のとき慈救呪《じくのじゅ》を一〇万遍となえ、三二歳のとき葛城に入り、さらに熊野に赴いて順逆の峰入をした。そして舒明天皇から永宣旨と勅印を受け、自己の霊印とあわせて当山正大先達衆に伝えたとしている。また明存の『客道名服説《きゃくどうめいふくせつ》』では、法祖優婆塞《うばそく》役君は、神通に秀で神呪をとなえて教法を垂れ、神呪の力で山々の魔を繫縛したとしている。もっとも幕末期の行智の『木葉衣』では『続日本紀』の役小角伝と『日本霊異記《りょういき》』の役優婆塞伝承を役小角の族種、久米の岩橋、広足《ひろたり》の讒言《ざんげん》、孔雀明王呪法などについて考証的な検討を加えている。

本山派の役行者伝――『役公徴業録』の年紀

近世期には本・当両派でそれぞれの立場にたつ役行者伝が著された。そこでまず本山派の役小角伝の『役公徴業録』（祐誠、宝暦八年〈一七五八〉）をその記載に従って歳をおって紹介したい。

(1)　高祖役公は父賀茂間賀介麻呂《かもまかげまろ》と高賀茂氏の子孫である母渡都岐《とき》（白専渡都岐）の子として舒明天皇六年（六三四）に葛城郡茅原《ちはら》で生まれた。（出自）

(2)　彼は同年元旦母が金色の独鈷杵《しょ》を呑む夢をみて受胎したので金杵麻呂と呼ばれ、加茂役氏を称した。（受胎の奇瑞）

(3)　六歳（六三九―西暦年、以下同様）、聖人の前兆とされる麒麟《きりん》にちなんで自ら小角と改名した。（改名）

(4) 七歳（六四〇）梵字を書いた。八歳で学問をはじめた。（生育）
(5) 一一歳（六四一）吉祥草寺《きつしようそうじ》（金寿院）を創った。（建造）
(6) 一四歳（六四五）一切空の理を悟った。（悟り）
(7) 一七歳（六四八）叔父の僧願行《がんぎよう》について得度《とくど》し、法起菩薩の浄土の金剛山に入って藤衣を着、松の葉を食して修行した。（葛城修行）
(8) 一九歳（六五二）熊野に詣り、さらに大峰で修行した。（大峰修行）
(9) 二一歳（六五四）河内の断髪山で二鬼を弟子とした。（二鬼随逐）
(10) 二二歳（六五五）王宮で祈禱して彗星の変を鎮めた。（神変）
(11) 二五歳（六五八）箕面山で竜樹から灌頂を受け、神通力を得た。（箕面での受法）
(12) 三三歳（六六六）大峰で不動明王の指示で自己の三生の骸骨から独鈷杵と宝剣をとり、独鈷から孔雀明王像を造った（後に当麻寺に納める）。また宝剣は大峰に埋めた。（三生の骸骨）
(13) 三九歳（六七三）麻呂子《まろこ》王子が万法蔵院を当麻に移して、当麻寺としたときに土地を寄進した。（寄進）
(14) 四一歳（六七五）山城国相楽《そうらく》郡の鷲峰山《しゆぶさん》に弥勒《みろく》を祀った。（祭祀）
(15) 四八歳（六八二）箕面寺を建立。（建造）
(16) 六三歳（六九六）竜樹から毘盧遮那《びるしやな》の密法を授った。（受法）

(17)　六六歳（六九九）岩橋と一言主神の讒言譚、行者は追捕をのがれたが、母を助けるために縛につき、伊豆大島に配流、その途中遠江で台風を鎮めた。（伊豆配流）

(18)　六六〜六八歳（六九九〜七〇〇）配流中伊豆大島で海上に五重の宝塔を出現させた。また走湯《はしりゆ》・箱根で修行した。（神変）

(19)　六八歳（七〇〇）伊豆で処刑されようとしたが富士明神・北斗星の神託によって許されて、都に帰り、国師に任じられた。（処刑—奇跡、赦免）

(20)　六八歳（七〇〇）大峰で父母のために一〇〇〇基の塔婆供養をした。（千基塔婆供養）

(21)　六八歳（七〇〇）大峰で守護仏を求めると弁財天があらわれ、排すると天河にいき、ついであらわれた地蔵は吉野の川上にいった。そして最後に釈迦・観音・弥勒が合体した金剛蔵王権現と十五童子があらわれた。公は八人の童子を大峰に留め、七人を葛城に送った。（金剛蔵王権現感得）

(22)　六九歳（七〇一）六月七日、箕面山で入寂《にゅうじゃく》、後に錫杖《しゃくじょう》と鉄の下駄を残し、老母を鉢にのせて、天に昇った。（昇天）

『役公徴業録』——年代不詳の事績

なお本書には年代が定かでない役行者の事績として次のものをあげている。

(1)　泰澄と山城の愛宕山《あたごやま》に登って天狗を鎮め、五峰を開き白雲寺を開基して不動と孔雀明王の法を修した。

(2) 神道を中臣意美麻呂《なかとみのおみまろ》に学んだ。
(3) 役行者が天河に泊まったとき、天女が出て琵琶を弾いた。
(4) 竜王が献上した玉壺の水を大峰と葛城に灌《そそ》いで清泉をつくった。玉壺は三重の岩屋に納めた。これが三重滝の源流となっている。
(5) 遠江《とおとうみ》の佐夜の中山で盗賊を弟子にした。
(6) 八菅《はすげ》・羽黒などで修行した。
(7) 葛城で修行中に役行者を助けるために麁乱神《そらんしん》（三宝荒神）が出現した。
(8) 深仙で禅定中、山に釈迦と五〇〇人の弟子があらわれた。（釈迦ヶ岳と五百羅漢の山名の由来）
(9) 日本の六十六峰で修行した。
(10) 葛城の友ヶ島から卒都婆《そとば》の峰の間に『法華経』二八品をおさめた。
(11) 前世の迦葉のときはインドの六峰、中国の香積仙人のときは中国の六峰、日本では大峰・葛城・箕面・彦山《ひこさん》・羽黒・石鎚《いしづち》の六峰で修行した。
(12) 大峰の深仙、葛城の卒都婆峰に両部の灌頂壇をもうけ、そこを金胎の曼荼羅の境とした。
(13) 役行者ならびに前鬼《ぜんき》・後鬼《ごき》・五大弟子の尊形。（『修験修要《しゆよう》秘決集』とほぼ同じ）

以上が年代が定かでない事績である。このように本書では本山派の立場から、当時流布した役行者の伝承のほとんどすべてを列記しているのである。

当山派の役行者伝――『修験行者伝記』

当山派の役行者伝には元禄四年（一六九一）に周防鯖山《さばやま》の学峰雲外が著した『修験行者伝記』と享保六年（一七二一）一月に河内の蓮体《れんたい》が著した『役行者霊験記《れいげんき》』がある。そこでこの両著を上記の本山派の『役公徴業録』との相違点に焦点をおいて紹介しておきたい。

雲外の『修験行者伝記』は乾の「大峰記　葛城記」、坤の「聖護院伝、三宝院伝、日蔵、聖宝など九人の修験者の略伝」から成っていて、役行者の伝記は乾の巻にある。ちなみに彼には、大峰の秘伝をまとめた『峰中秘伝』などの著書がある。本書では冒頭に役優婆塞と妙《みょう》童《どう》鬼《き》、善《ぜん》童《どう》鬼《き》の尊形とその意味を簡単に記したうえで、つぎのような役行者の伝承を項目ごとにまとめてあげている。

(1)　役行者の本縁は法起菩薩である。母は三〇歳になっても夫がいなかったが、大日如来から授かった独鈷を呑んだ夢を見て受胎した。出生のとき眉間に角があったので小角と名付けられた。（受胎・誕生）

(2)　三二歳で家を出て、葛城山に入って、孔雀明王の呪をとなえて修行し、飛翔力を得て、各地の霊山に赴いた。（修行）

(3)　山上ヶ岳で金峰鎮護の霊神を求めて祈念し、金剛蔵王権現と十五童子を涌出させた。（金

剛蔵王権現感得）

(4)　皇極天皇元年（六四二）旱魃の際、雨乞の祈禱に参内し、験を示した。また葛城峰の麁乱《そらん》荒神《こうじん》を治罰した。（霊験）

(5)　麻呂子親王建立の当麻寺に孔雀明王像（役行者の三世の骸骨がもっていた独鈷から造ったもの）、百済より請来の四天王の像を祀った。同寺には一言主神や熊野権現が影向《ようごう》して座した岩があった。行者は私領の山林田畠数百町を同寺に施入した。（寄進）

(6)　大峰山の三重滝で三生の骸骨が手にもつ独鈷と鈴を不動明王に祈ってとりはずした。そして独鈷を鋳て孔雀明王の像を造って当麻寺におさめ、鈴は大峰の三重滝に納めた。（三生の骸骨）

(7)　箕面の滝穴で竜樹から入峰灌頂を受けた。（受法）

(8)　生駒で人間を殺す赤眼（夫）・黄口（妻）の子供を隠して、改悛させ弟子とした。（悪鬼随逐）

(9)　葛城と金峰の間の岩橋・一言主神の讒言の話。（岩橋・讒言）

(10)　追捕され逃亡するが、母が囮《おとり》にされたので名乗りでて伊豆大島に配流された。（伊豆配流）

(11)　堺から配流の途中に遠江国名田《なだ》沖で孔雀明王に祈念して嵐を鎮めた。（霊験）

(12)　伊豆の大島では昼は禁を守り、夜は富士の聖徳太子が修行した仙窟で大日如来を拝して、

修行した。また江の島の弁財天に宝剣を納め、伊豆走湯に竜灯を献じた。（配流先での修行）

(13) 牛馬が病み不作が続いたとき、紫宸殿《ししんでん》に童子（北斗星）があらわれ、役行者を配流したことによると告げたので勅免された。（赦免）

(14) 愛宕山の天狗を泰澄《たいちょう》とともに鎮めた。（霊験）

(15) 遠江国の佐夜の中山で盗人を教化して弟子にした。（教化）

(16) 六月七日箕面山から母を鉢にのせて、雲に乗って、インドにいって修行した。（遷化）

(17) 新羅《しらぎ》で道昭《どうしょう》が『法華経』を講じたとき、五〇〇匹の群虎とともにあらわれた（割注―これは年代があわぬ故誤りである）。（道昭の法筵）

(18) 役行者の渡唐後も、四大師（伝教・弘法・慈覚・智証）が行者の跡をしたって大峰で修行した。（四大師の大峰修行）

これを見ると箕面山の滝穴での受法や富士山の仙窟での修行が強調されている。また当麻寺と役行者のことが詳しく記されている。崇拝対象では最初の部分にあげられた、金剛蔵王権現や孔雀明王のほかに、大日如来・不動明王が重視されている。また役行者が示した霊験が随所にあげられている。

そこでつぎに、とくに『役行者霊験記』との題を付した当山派の蓮体の役行者伝を紹介する。本書は上下二巻からなり細かい項目にわけられている。ただし下巻は役行者に関するものは三項目のみで、他は天狗や稲荷に関するものである。そこで、以下、歳をおって、本書独自のものに重点を置いて簡単に紹介しておきたい。

当山派の役行者伝――『役行者霊験記』

(1) 役行者の出自（『修験行者伝記』とほぼ同じ）。役行者は誕生した際面貌が魁梧《かいご》で、形体も世人と異なっていた。一七歳の時に葛城に庵を設けて法起菩薩を安置した。これが現在の金剛山行者坊である。（誕生と成長）

(2) 二五歳（六五八―西暦年、以下同様）のときに箕面山で竜樹から灌頂を受け、堂を構えて、竜樹と弁財天を祀った。（受法）

(3) 三四歳（六六七）大峰山の剣ヶ岳で自己の三生の骸骨の剣と杵を取った。（三生の骸骨）

(4) 三八歳（六七一）金峰山で修行した。（修行）

(5) 六三歳（六九五）鬼神に大峰、葛城の間に岩橋を架けさせようとして、一言主神に讒言され、朝廷から母を囮に追捕された。（岩橋・追捕）

(6) 六五歳（六九七）伊豆大島に配流されたが、夜は富士で修行した。三年後勅使が処刑しようとしたが、刀が折れたり、まきかえったりした。博士が役行者は聖者ゆえ崇拝するよう判

じたので勅免された。（配流・赦免）

(7) 役行者は不動明王に一言主神を縛させて金剛山の谷に投げ捨てた。谷底には二丈の黒蛇がいる。（一言主呪縛）

(8) 六八歳（七〇一）箕面の徳善《とくぜん》大王の社で渡唐の志を述べると猛火が発したが、呪文により消しとめた。そして河内の誉田八幡宮で祈念したうえで草座に座し、母を鉢に入れて唐に飛び去った。（渡唐）

(9) 道昭が新羅で役行者にあった。行者は彼に三年に一度は日本に帰って、金峰・金剛・富士で修行していると言った。（この話は時代的にあわない）（道昭の法筵）

(10) 役行者は初生はインド、二生は中国、三生は石鎚、四生は伯耆三徳山《みとくさん》、五生は金峰山で修行した。（五生の修行）

(11) 役行者が金峰山で守護仏を求めて祈ると地蔵があらわれたが、退けると伯耆大山《ほうきだいせん》に行った（吉野郡の川上の抛地蔵《なげじぞう》になったともいう）。さらに弥勒があらわれたが退け、最後に出現した金剛蔵王を釈迦ヶ岳で祀った。（金剛蔵王権現感得）

(12) 役行者はインドから飛来して大峰で修行し、七生かけて三重の岩屋を造った。（三重の岩屋）

(13) 役行者の母は加茂氏の権現から『大峰縁起』を感得し、行者に授けた。行者はこれを義覚

に授け、爾来《じらい》数代伝わったがその後、金峰山蔵王堂の秘所に埋められた。（縁起相伝）

(14) 役行者は大峰山で両界曼荼羅をあらわした。――日本は密教相応《そうおう》の国である。

(15) 役行者と弘法大師は同一体である。

(16) 役行者の尊像、役行者は優婆塞である。

(17) 役行者が河内国観心寺で秘符を用いて病気を治した。（霊験）

(18) 役行者は悉地成就《しつじじようじゆ》して持明仙《じみようせん》となり前鬼・後鬼を使役した。（前・後鬼使役）

この『役行者霊験記』では『大峰縁起』が金峰山の蔵王堂の秘所（現在の大峯山寺の内々陣か）に埋められたこと、金剛蔵王権現感得譚、役行者が大峰山に金・胎の曼荼羅を現じたこと、行者と弘法大師が同体であることなどに、当山派の役行者伝の特色が認められる。また行者が秘符を用いたり、明を持して（持明仙）、前鬼・後鬼を使役するなど、霊験を示したことが注目される。

吉野・大峰の役行者伝

役行者伝は吉野・大峰の修験によっても編まれている。まず吉野では『吉野山上記』に簡単な役優婆塞伝があげられている。これによると役行者は七歳のときに茅原寺で叔父の願行から不動の慈救呪を学び、毎日一〇万遍誦した。一一歳のときやはり願行から孔雀明王の呪を相伝し、朝夕これを念じて修行した。ちなみに小角の名は麟角を天皇に献じたことによるとしている。また一六歳のとき生駒（鬼取寺のところ）で山魅（ヤマノカミ）を、さらに三二歳のときには葛城の金剛山で前鬼・後鬼を従えた。この間箕面で竜樹から受法し（一九歳）、熊野参詣をし（二一歳）、葛城山で法起菩薩から一乗の法（法華経・華厳経にとく万人が成仏しうるとの教え）を学んだ。その後金峰山で苦修練行して、金剛蔵王権現を涌出させ、さらに大峰に入って弥勒の浄土を見、金胎両界の諸尊を拝し、孔雀明王の呪を唱えて仙境を優遊《ゆうゆう》した。古来、御岳精進する人は「南無当来導師弥勒仏」と唱えてきたが、これは金峰山が弥勒下《げ》生《しょう》の地とされたことによっている。なお本書では小角は韓国連広足《からくにのむらじひろたり》の讒言で、伊豆大島に配流され、怒った小角が広足を縛したが、勅免後、その縛を解いたとしている。

この金峰山の弥勒菩薩の強調は、嘉永二年（一八四九）の役行者の一一五〇年の御遠忌《ごおんき》に山上蔵王堂の役行者像を吉野で開帳したときに、当山十二正大先達寺の吉野桜本坊が刊行した『役行者神変大菩薩略縁起』にも見ることができる。本書では、役優婆塞は弥勒菩薩の再来で高天原《たかまがはら》に比定される金剛山では法起大菩薩と称する。この両尊の本地は阿弥陀如来である。役優婆塞は弥勒の浄土とされる吉野金峰山をはじめとする日本の四八の高山で修行したとしている。なお本書には役行者の略年譜が付されているが、そこには役行者が出生のときに両眼から光を発したこと、一言主神を弥勒下生のときまで呪縛していること、渡唐後も三年に一度日本に帰ってきて、吉野・大峰・富士山・金剛山などで修行したことをあげている。

大峰の修験の役行者伝承をあげたものには、まず『役行者御遺徳伝』（大善院著、天保二年〈一八三一〉）がある。本書には役行者が三生をつかって、三重の岩屋を造った話のほかに、行者が鬼神を使役して無熱池の水をとって来させて、水瓶に入れて山上に埋めた。この瓶が前鬼の三重滝の水源であるとしている。また行者が順逆の峰入を三三度したことをあげている。

このほか一実行者良修《いちじつぎょうじゃりょうしゅう》の『笙窟遺響《しょうのいわやいきょう》』では、真福寺本の『役優婆塞事』の役行者の三生の話が舎利相伝に焦点をおいて紹介されている。そして役行者の死後一〇代弟子の四代目の寿元《じゅげん》が、役行者がインドの金剛三蔵建立の塔婆から請来した舎利《しゃり》のうちの三粒を東大寺の七重の塔に安置した。また一〇代目の長円《ちょうえん》は弟子の覚尋《かくじん》に舎利一粒をあたえた。覚尋はこの一粒を白河上皇に奉り、上皇はそれを御願寺の法勝寺《ほっしょうじ》の九重塔に安置したとしている。そのうえで、修験行者にこうした役行者につらなる因縁を考えて『法華経』を受持して舎利を供養するように勧めている。

葛城と生駒の役行者伝

役行者の出自の地である葛城には管見の限り、独立した「役行者伝」はない。ただ嘉永三年（一八五〇）に葛城山系の犬鳴山七宝滝寺《いぬなきさんしっぽうりゅうじ》の修験者智航《ちこう》が記した『葛《かつ》嶺雑記《れいざっき》』には神変大菩薩の伝承が散見する。すなわちまず本書冒頭には舒明天皇六年（六三四）の元旦、役行者が茅原郷に生まれ、二八歳から抖擻行に入った。そして、とくに葛城山を治国清平の道場として、採灯護摩《さいとうごま》を修した。すると法起菩薩や七大童子が出現した。行者は友ヶ島から中津川をへて亀の尾にいたる葛城山系の霊所に『法華経』二八品を一品ずつ納めて、ここを『法華経』の道場にしたとの記載がある。

葛城山では中台の中津川の高祖堂を葛城灌頂の道場としているが、現に役行者を助けた前鬼の子孫がこの堂を管理している。また、全国各地の修験霊場のほとんどに行者堂があり、役行者やその母にかかわる伝承が認められる。なお、役行者を助けた前鬼・後鬼の話は近世期には葛城に限らず、大峰・箕面・日光など各地に見られるが、とくに葛城の北峰ともいわれた生駒山の話が広く知られている。

生駒山の話はすでに『役行者本記』の天武元年（六七二）三九歳の役行者が天手力男神《あめのたぢからおのかみ》の末孫と称する妙童鬼（後鬼）・善童鬼（前鬼）を弟子としたとの記述に認められる。この話はさきにあげた『役公徴業録』では次のように脚色されている。生駒山中に赤眼（雄）、黄口（雌）という夫婦の鬼が、鬼一・鬼次・鬼助・鬼虎・鬼彦の五人の子供と住んでいた。夫婦は人間の子供をとって食物としていた。役行者はこれを止めさせるために夫婦の最愛の子鬼彦を鉢の中に隠した。二人は八方を捜したが見つからないので、役行者に助けを求めた。行者は子を失った親の気持を考えて人の子を食するのを止めるよう諭した。二鬼が鳥獣を食いつくしたので食べるものがないというと、空中から不動明王が譴責した。行者も二人に改心をせまった。ただ二鬼がこのままでは自分たちが餓死するゆえ助けてほしいと嘆願したので、呪文によって、鬼の一家を人間にかえた。それから二人は木の実を採り、水を汲んで生活し、前鬼・後鬼と名をかえて役行者に奉仕した。また二人はこの地に寺を建立して髪切山慈光寺《こぎりさんじこうじ》（鬼取寺ともいう）と名付けた。

ちなみに『修験心鑑鈔』では鬼の住んでいた山を箕面山としている。なお、この話は日蓮宗の鬼子母神《きしぼじん》の話にもとづくものである。また前鬼・後鬼の二匹の鬼が修行者に奉仕する話はすでに初期仏典の『増壱阿含経』にあげられている。それゆえ、この二鬼随逐の話は『続日本紀』に見られる、役小角が「鬼神を使役し採薪汲水させた」との事実をもとに、鬼子母神や『増壱阿含経』の説話などを参考にして創作されたものと考えられよう。

他宗教からみた役行者

江戸時代にも役行者に関する伝承を紹介した修験以外の書物が認められる。そこで以下、一般史書・神道・仏教・道教の順序で、その内容上の特徴を簡単に紹介しておきたい。まず一般史書では『大日本史』の「役公伝」がある。ここでは『続日本紀』の記事にその出自、三二歳で葛城に入ったこと、母を救うために縛についたこと、鉄鉢に母をのせて海上に去ったなどのことを付記するというように、現実的な略伝の形をとっている。これに対して『日本歴史図絵』(『扶桑皇統図会』)では文武天皇三年に役小角を伊豆に配流したとの史実をあげたうえで、その役小角の説明の形で、役行者の出自、受胎の奇瑞、山林修行、箕面での受法、骸骨の剣と杵、岩橋架橋と一言主呪縛、金剛蔵王涌出、韓国連広足の讒言、囮の母を救うために縛につき、伊豆に配流されること、伊豆での夜の富士・筑波修行、処刑のときの奇跡と赦免、諸霊山修行、母を鉄鉢に入れて渡唐、道昭の講席への出席が細かく記されている。

仏教者の役小角伝には元禄一五年(一七〇二)になる卍元師蛮《まんげんしばん》の『本朝高僧伝』所収の「和州

葛木山役小角伝」がある。これにはその出自、三二歳の時の葛城入山、諸霊地修歴、岩橋と一言主神の呪縛、一言主神の託宣、母を救うために名乗り出て伊豆に配流されること、伊豆での富士修行、赦免、箕面で竜樹に謁すること、母を鉢にのせて海を渡って唐に入ること、というように、ほぼ『元亨釈書』にもとづく小角伝をあげ、最後に『続日本紀』の記事の史実の部分をあげている。このように仏教者の側では、中世の仏教者と同様の役小角伝をあげ、箕面山に関しては、竜樹にあって、伽藍を建立したとするのみで竜樹からの受法にはふれていない。

神道では林羅山の『本朝神社考』（寛永〈一六二四〜四四〉末成立）中之四の「葛城神」の項に役小角伝をあげている。その内容は出自、三二歳からの三〇年間にわたる葛城の岩窟での修行、岩橋と一言主呪縛、一言主神の讒言、母を救うために縛について伊豆大島に配流されたこと、伊豆での富士修行、箕面で夢で竜樹にあい箕面寺を建立したこと、母を鉢に入れ、草座にのって唐に渡海したこと、道昭の講会、吉野での蔵王権現感得をあげている。これはさきの『本朝高僧伝』とほぼ同じ内容である。もっとも近世期には修験者が神社の別当をつとめたこともあって、駿河国の神主大石政純の『折角《ママ》（小角か）弁』では、役小角は両部神道を学び、弘通したとしている。

また本山派の『修験日用見聞鈔』には「役行者が吉田伊美麻呂《いびまろ》から唯一神道を伝授されたとし、『本山修験意略問答』には役行者の著書に「金剛山神祇巻」一巻があるほか、三井寺でも神道を相承したとしている。なお当山派の『修練秘要義』にも吉田兼延《かねのぶ》（？—九八七？）の『法要集』に役行者が吉田家から神道を伝授されたとあるとしている。もっともこれらはいずれも史実を無視したもので山伏と吉田家との出入に対応しての創作と考えられよう。

道教の視点に立つ役小角伝と思われるものには、日政《にっせい》（一六二三～六八）が寛文四年（一六六四）に記した『扶桑隠逸伝《ふそういんいつでん》』がある。ただ本書では役行者を神遷の徒としつつも、鬼神の使役や虚空の飛騰は密呪によるとしている。なお元禄ころになる弓削《ゆげ》の道鏡（？—七七二）に仮託した『役行者顚末秘蔵記』は考証的な役行者伝であるが、そのなかに道教的な要素が散見する。主なものをあげると、まず役行者を一生は迦葉、二生は老子、三生が役優婆塞であるとしている。また役行者は深仙に居を定めて、閻魔《えんま》大王・五道天神・泰山府君《たいざんぶくん》・天宮・地宮・水宮・司命・司禄・本命神・開路将軍・土地霊祇・家親丈人《かしんじょうじん》の一二の神祇をまつり鬼神を使役したとしている。この多くは道教の神格である。そして死にあたっては、棺に衲衣《のうえ》・錫杖・鉄の足駄を残して去ったとしているが、これは道教の尸解《しかい》である。このように、近世期の役行者伝のなかには道教の影響を示すものも認められるのである。

近世の役行者伝の構造—『役君形生記』を中心に

教派修験の役行者伝の特徴

ここでさきに紹介した教派修験関係の書物に見られる役小角《えんのおづぬ》伝の全体的な傾向をまとめておくことにしたい。するとまず数多くの書物で役小角の箕面《みのお》での竜《りゅう》樹《じゅ》からの峰入《みねいり》の秘法の受法が主要モチーフになっていることが注目される。またこれとならんで役小角の前因をくわしく説くことが、この時期にとくに顕著にみられている。その多くは大日如来または不動明王が、インドでは迦葉《かしょう》、中国では香積《こうしゃく》仙人、日本では役小角とあらわれたとするものである。ただし、『役行者顛末秘蔵記』では中国では老子とあらわれたとしている。このように役小角の神格化が進んだためか、この時代になると教派修験側の役小角伝では、雲外の『行者伝記』をのぞけば、役小角による金剛蔵王《ざおう》権現感得譚がさして重視されなくなるのである。しかしながらこの時代には役小角に関する考証的・訓詁的な研究がより進んだこともあって、本山派の『役公徴業録《えんこうちょうごうろく》』、当山派の行智《ぎょうち》の「木葉衣《このはごろも》」や『役行者顚末秘蔵記』などに見られるように、伝統的な役小角の説話のモチーフである岩橋、一言主神《ひとことぬしのかみ》の讒言《ざんげん》、伊豆配流や上記の箕面での受法、前因、金剛蔵王権現感得譚などを包括し、これらに関する諸本の相違なども付したより体系的な役小角伝が作られている。

『役君形生記』の性格と内容

『役君形生記《えんくんけいせいき》』はこうした特定教派にこだわらない、より包括的な役小角伝である。本書は近世修験道界で、特定教派をこえて広く流布し基本的な書物とされた修験道五書（「修験十巻書」ともいう）の一冊である。ちなみに他の四書は『修験三十三通記』『修験修要《しゅよう》秘決集』『修験頓覚速証集《とんかくそくしょうしゅう》』『修験指南鈔』である。このうち『修験三十三通記』は彦山《ひこさん》伝来の切紙、『修験修要秘決集』はそれをもとに即伝《そくでん》がまとめたもの、『修験頓覚速証集』は『修要秘決集』の仏教用語などに関する切紙をやはり即伝がまとめたもの、『修験指南鈔』は一五世紀中期に熊野系の修験が、熊野権現と金剛蔵王権現の縁起に関する切紙をまとめたものである。これに対して『役君形生記』は天和四年（一六八四）相模国の修験者秀高《しゅうこう》が著したものゆえ、五巻書のうちでは唯一近世期の著作である。彼の伝記は定かでないが、本書に同じく相模国の熊野寺快誉《かいよ》が跋を付しているところからすると、熊野系の修験者と考えることができる。その内容は役小角の成長の段階をおって主要な事績をあげ、詳細な注釈を加えたものである。

うになる。

本書の本文に従って役小角の事績を年譜順にとりあげて、モチーフ（括弧内）を示すと次のよ

(1) 釈迦が大日如来から南天竺《てんじく》の鉄塔で五智《ごち》の宝冠を受けて、一切の人々を救済することを誓った。そのとき迦葉が法起《ほっき》菩薩の姿をしてあらわれて、釈迦に日本に行って役優婆塞《えんのうばそく》として生まれて人々を救うゆえ、助けてほしいといった。釈迦はこれに応えて、日本で竜樹菩薩と現じて助けようといって宝冠を授けた。法起菩薩（迦葉）は宝冠をかぶり、インドの六峰、中国の六峰で修行したのちに日本に来て役小角として生まれた。なおこれと別に、役小角は根本的には大日如来のあらわれで、大日如来の治世には証誠《しょうじょう》行者《ぎょうじゃ》（熊野本宮の本地）、仏の世には迦葉、わが国では役行者と生まれたとの説明もある。（本縁）

(2) 役小角は父高賀茂間賀介麻呂《たかかもまかげまろ》、母白専渡都岐麻呂《しらとうとときまろ》の子として生まれた。母は独鈷《とっこ》を呑んだ夢をみて受胎し、誕生のときには諸仏が来臨して守護した。（出自）

(3) 四、五歳の時から仏像を作って拝し、七歳になると慈救呪《じくのじゅ》を毎日一〇万遍唱え、仏教や他の書物を学んだ。また毎夜葛城山《かつらぎさん》に登って法起菩薩を拝した。九歳のとき仏道に入ることを決心した。（生育）

(4) 一六歳のとき赤眼（夫）・黄口（妻）という二匹の鬼を教化して弟子とした。彼らは名前をあらためて前鬼《ぜんき》・後鬼《ごき》となった。（悪鬼随逐）

(5)　箕面の滝で三六童子、徳善《とくぜん》大王の導きで竜樹菩薩の浄土に行き、竜樹から本有《ほんう》の灌頂《かんじょう》の法を相承した。（箕面での受法）

(6)　一七歳のとき、熊野の証誠殿を拝したあと大峰に入り、深仙《じんぜん》で孔雀明王《くじゃくみょうおう》と不動明王の二尊の法を修し、さらに天から九万八〇〇〇の神祇冥衆《じんぎめいしゅう》、地下から三十六所の金剛童子を涌出させた。（深仙での修法）

(7)　大峰山の仙洞《せんどう》で自己の第三生の骸骨が手に持っていた独鈷と智剣《ちけん》を孔雀明王の呪を唱えて捨てさせた。（仙洞の骸骨）

(8)　自分が大峰山中で二、三生を過ごしたところに造った三重の岩屋を開いた。（三重の岩屋）

(9)　山上の巌頭で捨身求菩提《しゃしんぐぼだい》の修行をした。（捨身求菩提の修行）

(10)　金峰山《きんぶせん》の巌窟で金剛蔵王権現を感得した。（金剛蔵王権現感得）

(11)　三二歳のとき葛城山に入り、以後三〇年間にわたって藤蔦《ふじづた》を衣とし、松菓を食し、孔雀明王の呪を持して修行をし、雲に乗って仙人の栖《すみか》に行った。また葛城山の峰々に『法華経《ほけきょう》』二八品を納めた。（葛城山の修行）

(12)　山神に葛城と金峰の間に岩橋をかけることを命じたが、一言主神が形の醜いのを理由に昼間仕事をするのを拒んだので、呪縛して谷底にしばりつけた。（岩橋・一言主神呪縛）

(13)　一言主神の讒言により追捕され、囮《おとり》にされた母を救うために名乗り出て、伊豆の島に配流

された。（伊豆配流）

⒁　伊豆では昼間は禁を守ったが、夜は富士・箱根・走湯《はしりゆ》で修行した。（伊豆での生活）

⒂　ふたたび一言主神が讒言したことにより処刑されることになったが、刑吏の剣の刀に小角は賢聖であるとの富士明神の表文があらわれた。（処刑と奇跡）

⒃　刑吏がこのことを上奏したので、許されて箕面山に帰った。（赦免）

⒄　深仙に一〇〇〇基の塔婆を建てて両親の供養をした。（一〇〇〇基の塔婆供養）

⒅　当麻寺《たいまでら》に父母の供養のために先祖伝来の田畑を施入《せにゅう》した。（当麻寺への寄進）

⒆　母を鉢に乗せ、自分は草葉に座して海を渡って入唐《にっとう》した。（入唐、口絵5）

⒇　新羅で五〇〇匹の虎とともに道昭《どうしょう》の法筵に列なった。（道昭の法筵）

『役君形生記』の構造

以上の内容を検討してみると、全体として本書では密教的色彩が薄く、本地垂迹《ほんちすいじゃく》的あるいは法華的思想が強くなっている。つぎにそのモチーフを列記すると、本縁、出生、生育、二鬼随逐、箕面での受法、大峰での修行（深仙での修法、骸骨、三重の岩屋、捨身修行）、金剛蔵王権現感得、葛城山の修行、岩橋・一言主神の呪縛、配流、伊豆での生活、処刑と奇跡・赦免・両親の供養（一〇〇〇基の塔婆、当麻寺）、入唐・道昭の法筵という順序になる。さらにこれを整理すると、

(a)本縁―出自―生育―二鬼随逐―受法―大峰修行―金剛蔵王権現感得

(b)葛城修行―岩橋―一言主神呪縛―伊豆配流―伊豆での生活―処刑と奇跡―赦免―両親の供養―入唐―道昭の法筵

というように、多少性格を異にする二つの役小角伝が結合されていることが理解される。すなわち室町時代に成立した修験的な役小角伝承である(a)と、『日本霊異記』型の説話(b)が結びつけられているのである。この二つのうち重視されているのはいうまでもなく先に記されている修験的な伝承である。しかもこの部分において、室町時代にはそれぞれ独立していた本縁譚と箕面での受法譚が、インドでの約束にもとづいて竜樹（本縁は釈迦）が小角（迦葉）に、箕面で峰入の秘法を授けるというように関連づけられている。また小角の大峰山中での修行が葛城でのそれ以上に重視されている。ただし本書ではその他の諸山に関しては、わずかに、富士、箱根、走湯、遠《とお》江《うみ》の佐夜の中山、当麻寺のみがあげられていて、『役行者本記』に見られた地方の修験関係の霊山や社寺に関する役小角の伝承がまったくないことが注目される。あるいはすでに教派修験が確立していたこともあって、こうした地方の諸山の伝承を加えることはさして必要とされなかったのかもしれない。いずれにしろ本書は上にみてきたように、室町時代に作られた修験道の開祖伝承に古来の役小角説話を加え、とくに小角の本縁や受法を強調したものなのである。

役行者の供養法と図像

御遠忌と講会

本山派の聖護院《しょうごいん》と、当山派の醍醐三宝院《だいごさんぼういん》がほぼその支配体制を確立した元禄二年（一六八九）六月に、役行者一〇〇〇年御遠忌《ごおんき》が行われた。その際本山派では役行者終焉の地とされる摂津の箕面山《みのおさん》で法会を施行している。

一方、醍醐三宝院では、宝永四年（一七〇七）に聖宝《しょうぼう》に理源大師《りげんだいし》の諡号《しごう》が授けられたのを祝して、翌宝永五年に三宝院門跡《もんぜき》房演《ぼうえん》が理源大師八〇〇年忌を行っている。寛政一一年（一七九九）には、役行者に神変《じんべん》大菩薩の諡号を贈られ、それを祝して、翌一二年の三月七日に箕面で聖護院、四月六・七・八日に醍醐寺で三宝院、さらに同年、吉野一山で神変大菩薩一一〇〇年忌がなされている。その後嘉永三年（一八五〇）には、神変大菩薩一一五〇年忌が行われた。

こうしたこともあって、修験寺院には行者堂（神変堂ともいう）が建てられ、役行者像が祀られた。また一般の行者講でも役行者の画像を祀って講会《こうえ》を行った。現在もこうした彫像・画像・講式・和讃《わさん》・役行者供《く》の次第が伝わっている。これらには、さきに述べた、役行者の伝承が儀礼や図像の形で表現されていて、修験者や在俗講員の役行者信仰を育んでいったのである。そこで以下これらについて簡単にふれておきたい。

像容とその意味

江戸時代の役優婆塞の尊形とその意味は、学峰の『行者伝記』の冒頭に図像を付して簡単に述べられている。それによると、役優婆塞《えんのうばそく》は頭に八尺の長頭《ながと》巾《きん》をかぶり、左手に念珠《ねんじゅ》、右手に独鈷《とっこ》を持ち、隠者特有の粗末な衣（草衣）を身にまとい、鉄駄をはき、口を開いている。なお画像には正面向き、左向き、右向きの三様がある。そしてその左側に妙童鬼《みょうどうき》（矜羯羅童子《こんがらどうじ》・後鬼《ごき》）、右側に善童鬼《ぜんどうき》（制吒迦童子《せいたかどうじ》・前鬼《ぜんき》）を従えている。妙童鬼は身体は青色で右手に水瓶を持ち、左手で施無畏印《せむいいん》を結び、口を開いている。一方、善童鬼は身色は赤色で右手に斧を持ち、背に『秘密灌頂《かんじょう》記』などを入れた縁笈《えんきゅう》を負い、口を閉じている。

その意味は、中央の役行者は全体として胎金不二《たいこんふに》、不動明王の直体を示している。個々の法具の意味は、八尺の長頭巾は不動明王の頂上の蓮華《れんげ》、すなわち胎蔵界の中台八葉院《ちゅうだいはちよういん》、左手の念珠は衆生《しゅじょう》の種々の業因《ごういん》を繫縛《けいばく》する宝索《ほうさく》、右手の独鈷は断惑証理《だんわくしょうり》の智剣《ちけん》、口を開いているのは阿字《あじ》不生《ふしょう》の理法を念じていること、草衣は煩悩を焼尽する火焔、鉄駄は法性寂然不動不懐《ほっしょうじゃくぜんふどうふえ》の磐石《ばんじゃく》を示している。

なお画像の右向きは従因至果《じゅういんしか》、左向きは従果向因《じゅうかこういん》、正面向きは因果不二《いんがふに》をあらわしている。つぎに妙童鬼の右手の水瓶は胎蔵大悲《たいぞうだいひ》の理水、左手の施無畏印《せむいいん》は理水を衆生に与えること、開口は、胎蔵界大日の阿字を示している。善童鬼の身色の赤は智火《ちか》の色相、斧は金剛大智の利剣、縁笈は悲母の形相、口を閉じているのは金剛界大日の吽《うん》の字を示している。このように役行者は大日如来の教令輪身《きょうりょうりんじん》の不動明王で、妙童鬼（後鬼）、善童鬼（前鬼）は衿羯羅、制吒迦の両童子とされているのである。ちなみに本山派の『聖門御累代記《しょうもんごるいだいき》』では、役行者は角帽子をかぶり、九条袈裟をつけ、蓑を着て、錫杖《しゃくじょう》と独鈷を持つとしている。

なお聖護院の宸殿には、元禄八年（一六九五）に鋳物師《いもじ》の出羽守政常《まさつね》が作った、京都の商人の寄進の銅造役行者半跏《はんか》像、前・後鬼座像が祀られている。この役行者像は岩窟座に右足をおろす半跏像で、その左右に向かいあうように頭に二本の角をはやし手足の指が三本の前・後鬼を配している。なお三像とも鋭く光る玉眼を入れ、爪をのばす異様な姿である。ちなみに江戸時代にはほかにも銅造の役行者像がつくられている。

このほか、漂泊の修験者円空《えんくう》も、延宝三年（一六七五）に大峰で、岩座に倚座《いざ》し、開口して顎髭をたくわえ微笑している錫杖と独鈷をもつ素朴な役行者像を刻んでいる（大和松尾寺蔵）。このほか、埼玉観音院（倚像）同宝積寺《ほうしゃくじ》（立像）などにも円空作の役行者像が伝わっている。なお江戸時代には、主要な修験寺院では岩窟に倚座する役行者と前鬼後鬼を刻んだ版木が造られている。

たとえば吉野の喜蔵院には同寺の音純《おんじゆん》が役行者一〇〇〇年の遠忌を寿《ことほ》いで刻んだものが伝わっている。

講　式

役行者の講式には、本山派の『役行者講法則』と『高祖講式』（『役君優婆塞五段講式』）、当山派の『役行者講私記』などがある。本山派の『役行者講法則』は成立年および撰者は不明である。刊本は元禄三年（一六九〇）七月に修験者の行順《ぎようじゆん》が武陽沙門大《ぶようしやもんだい》先達《せんだつ》浄蓮院の正本を、役優婆塞をたたえ、福寿増長と修験の繁栄を祈念することを目的として改板したものである。この講式ではまず神分で梵天《ぼんてん》・帝釈《たいしやく》・四天王・天神七代・地神五代や諸霊山の神、とくに役行者・不動明王・熊野三山大権現・大峰八大金剛童子・葛城《かつらぎ》七大和光童子・蔵王権現・子守勝手・大弁財天・釈迦牟尼《しやかむに》を招いている。

ついで表白で、役優婆塞は毘盧舎那仏《びるしやなぶつ》（大日如来）の変化、不動明王の垂迹《すいじやく》で、インドでは迦《か》葉《しよう》、中国では香積《こうしやく》仙人、日本では役優婆塞とあらわれたとする。そして金剛山では法起《ほつき》菩薩、金峰山《きんぶせん》では威徳天、箕面《みのお》では聖天、那智では不動明王をあらわした。さらに熊野・金剛山・彦《ひこ》山《さん》・石鎚《いしづち》山・譲葉《ゆずるは》山・羽黒山の六峰で修行し、現当二世の利益を与える日本無双の行者と称えている。そのうえで、役行者の出自・受胎・出生の奇跡・生育・葛城の修行、箕面での竜樹《りゆうじゆ》からの入峰の秘密法の受法、大宝元年（七〇一）六月七日に新羅《しらぎ》に去ったこと、毎月七日に日本に来て、金剛蔵王《ざおう》を拝しているとの伝記を読みあげている。

『高祖講式』はつぎの五段から成る。第一段「行者出現の由来」では受胎の奇瑞《きずい》、生育、一四歳の時に三部の秘法を受けたこと、深仙《じんぜん》の窟で孔雀明王《くじゃくみょうおう》と不動の法を修したことをあげる。第二段「分身利生《ふんじんりしょう》の徳化」は役優婆塞が那智では不動、金峰では威徳天、葛城では法起《ほっき》菩薩とあらわれ、箕面で竜樹から秘法を授かったとする。第三段「神力加持の妙用」では一言主神《ひとことぬしのかみ》の讒言《ざんげん》、伊豆大島配流、富士での修行、処刑の際の富士明神の表文、一言主神を呪縛したことをあげる。第四段「霊地出現の濫觴《らんしょう》」は、熊野・大峰の霊鷲山《りょうじゅせん》飛来譚、箕面の霊地から成っている。第五段では役行者が毎年一二月二七日に民衆のために「和光同塵の法楽」をはかっていることを述べている。

当山派の『役行者講私記』は、同派の『修験常用集』（観弘編、文政八年〈一八二五〉）に収録されているもので、「役行者の本地」「出現の行徳」「回向発願《えこうほつがん》の功徳《くどく》」をあげている。最初の「役行者の本地」では、役行者は大日如来の分身、不動明王の応迹《おうじゃく》で、その密号は法起菩薩であるとする。つぎの「出現の行徳」では母が独鈷を呑んだ夢をみて受胎し、頭に独鈷状の隆起があったので小角と名付けたこと、箕面での竜樹からの受法、金剛蔵王権現感得譚、入唐《にっとう》などの略伝をあげる。そして最後の「回向発願の功徳」は、峰入《みねいり》修行をすれば、弥勒下生《みろくげしょう》にまみえうること、役行者講を行うことにより、五穀成就・滅罪生善《めつざいしょうぜん》・断迷開悟を得るとの功徳をあげている。

このように役行者の講式では、役行者の本縁・分身・誕生・修行による奇瑞、受法などの伝記、その功徳がごく簡潔に示され、それを唱えることによって信仰を深める形がとられている。

和讃と供養法

和讃《わさん》は仏・菩薩・祖師・先徳・経典・教義などを和語の七五調の句によって誉め称える仏教讃歌である。平安時代中期ごろから定着したもので、修験で読経の際に必ず唱えられる伝良源作の「本覚讃」は代表的なものである。ここでは、役行者に神変大菩薩の諡号がおくられた、寛政一一年（一七九九）年に刊行され、本山と当山をとわず、広く用いられた「役行者和讃」をあげておきたい。なお、この刊本の和讃の巻末には積善院僧《しやくぜんいんそう》牛《ぎゆう》が最後の南無大悲《なむだいひ》役行者大菩薩を、神変大菩薩と改めるべき旨を記している。その内容は、役行者はインドに本縁があるが、日本の衆生を救うために、七度《ななたび》生まれかわって自行、利他に努めた。そのときに行者が修行した熊野や金峰に胎蔵界・金剛界の曼荼羅《まんだら》の諸仏諸尊をあらわした。行者の母は金剛杵《こんごうしよ》を夢にみて受胎し、出産した。行者は一七歳で山に入り、岩屋に籠って修行した。その際に葛城では法起菩薩と号し、大峰では役行者と号した。そして悪鬼を改悛させ、山神を従え、三世の諸仏を金剛童子とし、二上山《ふたかみやま》の蔵王権現とともに抖擻《とそう》者を守護した。さらに那智では不動明王、箕面では弁財天や竜樹を崇めた。大峰では一〇〇ヵ日の峰入を九度にわたって行い、天武《てんむ》天皇（大友皇子）も吉野で行者の加護で皇位につかれた。また葛城山の明神（一言主神）を呪縛して、谷に閉じ籠めた。行者の門人が観音霊場の那智の滝で罪垢《ざいく》をのぞき、無上の菩提をなすように、役行者大菩薩に祈願するというものである。

役行者の供養法としては、本山派のものには『諸供作法《しょくさほう》』所収の「神変大士本地供《じんぺんたいしほんちく》」「役君無染供《えんくんむぜんく》」「神変大菩薩片供《かたく》次第」（修験道章疏二）、当山派のものには「神変大菩薩供養法」（修験道章疏二）、「高祖行者御影供《みえいく》講師作法」（修験道章疏二）がある。

本山派の「神変大士本地供」は本尊の釈迦如来と塵に交わって人々を救う神変大菩薩（役行者）を勧請《かんじょう》して、発願《ほつがん》し、道場観ののち、役行者の本地を示す釈迦の印明《いんみょう》、その応身説法《おうじんせっぽう》（衆生救済）を示す智吉祥印明《ちきちじょういんみょう》、孔雀明王印明、不動印明（独鈷印で火界呪、剣印で慈救呪《じくのじゅ》）散念誦《さんねんじゅ》からなっている。なお道場観では鷲峰山《しゅうぶせん》の宝樹の下に七宝をちりばめた宝床がある。そのうえの月輪に釈迦如来があらわれる。ついで錫杖があらわれてそれが神変大菩薩にかわるとし、帽子を頂き、藤皮の衣を着、手に六輪の錫杖、左手に一〇八の念珠を持ち、矜羯羅・制吒迦両童子、天竜八部無量の仙衆に囲まれた神変大菩薩の姿を観じるものである。ちなみに「神変大菩薩片供次第」は灌頂に先立って自己の身を清め、供養するもの、「役君無染供」は役行者の前で一切の執着を断って、行者に帰依することを誓うもので、独鈷印（慈救呪）、役行者の秘印（不動明王の真言）、孔雀明王の印明、八大童子の印明から成っている。これは母胎に入った独鈷が、役行者（不動）となり孔雀明王や童子を使って救済をはかることを示していると考えられよう。

当山派の「神変大菩薩供養法」は、密教の十八道立ての供養法である。その表白では、神変大菩薩は法起菩薩が影向垂迹《ようごうすいじゃく》されたもので、箕面で竜樹から転凡入聖《てんぼんにっしょう》の秘法（柱源の深秘）を授かり、さらに寛政一一年（一七九九）に神変大菩薩の勅諡《ちよくし》を授ったことを述べている。また「高祖行者御影供講師作法」は毎年六月七日の役行者御影供のとき、その真影の前で『法華経』の大意を述べて、祈念をこめるものである。なおこれに付された「高祖行者供表白」では、役行者は茅《ち》原《はら》の里に生まれ、修行して不変不動の境地に入り、竜樹から印可を受けた三密弘行《さんみつこうぎよう》の始祖で、その利益は計り知れないとしている。

このように役行者の供養法では、役行者が釈迦や法起菩薩の化身で、修行をつみ竜樹から秘法を受けたこと、不動と同体で衆生の救済を本願とするということを、表白や観法によって、感得させる形をとっているのである。

文学に見る役行者

江戸時代には役行者の伝記に絵をそえた奈良絵本・仮名草紙《かなぞうし》・浄瑠璃《じようるり》・小説などが作られた。これらに見られる、役行者とそれをめぐる人々が織りなす物語は多様である。

物語の種類　ここではこれを、その話の内容に即してつぎの三種に分けることにする。第一は、『役君形生記《えんくんけいせいき》』のような、修験道の世界の役行者伝に絵を付した奈良絵本の『役の行者』（中野荘次氏蔵）、『役行者絵巻』（大阪青山短期大学蔵、ニューヨーク・スペンサーコレクション本、武藤家蔵〈口絵5〉）、やはり絵を付した『箕面《みのお》寺秘密縁起』（箕面竜安寺蔵）、浅井了意《りようい》（一六一二～九一）の手になる仮名草紙『葛城《かつらぎ》物語』上中下（『役行者縁起』上中下ともいわれる）、嘉永三年（一八五〇）刊の絵入小説『役行者御伝記図会《ずえ》』（『役行者御利生《ごりしよう》図会』ともいう）である。第二は、役行者の弟の月若丸を登場させ、役行者が讒言《ざんげん》によって追捕をうけて逃走するが囮《おとり》に捕まった母（月若丸も捕まったとする本もある）を助けるために縛につき、伊豆に配流されるが、許されることに重点を置いた、いわば役行者一家の恩愛の物語に焦点を置いた古浄瑠璃の『役行者』（西尾市立図書館蔵）と、これをもとにした絵巻『えんの行者』（大英図書館蔵、ベルリン国立図書館蔵）、やはり古浄瑠璃の『大峰の縁起』（貞享二年〈一六八五〉、元禄一四年（一七〇一）に山本河内掾《かわちのじょう》が作った『役行者伝記』である。第三は、役行者が前鬼《ぜんき》・後鬼《ごき》などと大海人皇子《おおあまのおうじ》を助け、その家臣とともに大友皇子を滅ぼすという壬申《じんしん》の乱を主題にした、大坂竹本座の座付作者近松半二《はんじ》（一七二五～八三）の『役行者大峰桜』（宝永元年〈一七五六〉）である。

これらの物語は、とくに庶民に広く親しまれ、大坂・堺・大和・京都などの役行者崇拝にもとづく山上講の隆盛の誘引となっていった。以下この三種の代表的なものに焦点をおいてその内容を紹介する。

役行者の修行

役行者の修行に焦点をおいた物語のなかでもっとも広く流布した浅井了意の『葛城物語』（『役行者伝記』）の内容は、つぎのとおりである。役行者は文武《もんむ》天皇（在位六九七～七〇七）の代に葛城上《かつらぎのかみ》郡茆原《うばら》村に高賀茂《たかかも》氏の子として生まれた。彼は三二歳のとき葛城山《かつらぎさん》に入って孔雀明王《くじゃくみょうおう》の呪を唱えて修行して、自然智を得た。また仙人が住む天真・玉真・太真の三真《さんしん》の宮殿に赴いたり鬼神を使役するなどした。そして一言主神《ひとことぬしのかみ》や鬼神に葛城山（不動の霊地）と金峰山《きんぶせん》（金剛蔵王《ざおう》権現の霊地）の間に岩橋を架けさせようとした。しかしその命に従わないので呪縛した一言主神の讒言《ざんげん》によって母を囮《おとり》にして捕まって、伊豆の大島に配流された。その途中遠江《とおとうみ》の名田《なだ》の沖で嵐にあったとき、孔雀明王に祈念して難船を防いでいる。大島では昼は島に留まったが、夜は富士で修行した。三年後許されて都に帰ったあと、箕面《みのお》の滝壺で竜樹《りゅうじゅ》に対面した夢を見て、箕面寺を建立した。そして母を鉄鉢に乗せて唐に渡った。その後、新羅《しらぎ》で五〇〇匹の虎とともに道昭《どうしょう》の『法華経《ほけきょう》』の説法の席にあらわれた。ちなみに一言主神の縛はその後泰澄《たいちょう》によってとかれたという。

寛文（一六六一〜七三）ごろ書写の古浄瑠璃『役の行者』（中野荘次氏蔵）では、役行者が高賀茂氏の旧宅に弥勒《みろく》菩薩を祀って当麻寺《たいまでら》としたこと、大峰で自己の三生の骸骨の独鈷《とっこ》と鈴を弥勒の指示で孔雀明王の呪を唱えてとりあげたこと、弥勒下生《げしょう》の地の金峰山で守護仏の金剛蔵王を感得したこと（その前にあらわれた地蔵が伯耆大山《ほうきだいせん》の智明《ちみょう》権現となったこと）、岩橋と一言主神の讒言による伊豆配流、配流中富士で修行し、富士明神の表文で助かったこと、箕面で竜樹から三密の法を授かったこと、母を鉢に乗せて渡唐したこと、新羅で道昭と会ったことがあげられている。なお本書では泰澄が一言主神の縛を解こうとして、役行者に叱られてやめたとしている。ちなみに『箕面寺秘密縁起』ではこれらの役行者の修行譚に加えて、箕面での役行者の竜樹からの受法譚や、行者が箕面から熊野に詣でた話、箕面の霊地、そこでの役行者の修行が述べられている。青山短期大学所蔵の『えんの行者』上・下、ニューヨーク図書館スペンサー・コレクションの『役行者絵巻』・武藤氏本『役の行者』は、中野本『役の行者』とほぼ同じ内容のものである。

これに対して嘉永三年（一八五〇）に役行者一一五〇年の御遠忌《ごおんき》にちなんで上梓《じょうし》された藤東海《ふじとうかい》の小説『役行者御伝記図会』（全三巻）にはつぎのような話が収められている。まず第一は、役行者の母は、独鈷を呑んだ夢をみたあと、たまたま葛城に狩にきた舒明《じょめい》天皇の寵愛を受けて受胎したとの話である。第二は、山上詣にあたって遠江国佐野郡原田村の長福寺で布施を求めた山伏に、釣鐘以外には金目のものはないゆえ、それを持っていけと住職が放言したところ、この釣鐘が山上ヶ岳に飛び去り、岩にかかった。これが表行場の鐘掛の名称の由来であるという話である。第三は、役行者が憑依《ひょうい》した狐をおとしたり、生霊の怨みを鎮めて治病をはかり、さらに中臣鎌足《なかとみのかまたり》が脳を病んだ時には、七日間にわたって祈願して治癒させた話である（以上、巻上）。第四は、役行者の母が女人禁制の金剛山に登れないので足摺りをして残念がった話、第五は、一言主神の出現譚、第六は、箕面での竜樹からの受法譚（巻中）、第七は、金峰山での金剛蔵王権現の涌出譚、第八は前鬼・後鬼の随逐譚、第九は、岩橋やそれにともなう伊豆配流、赦免の話、第一〇は、渡唐の話（下巻）である。そのほか本書には韓国連広足《からくにのむらじひろたり》の讒言譚もあげられている。このように本書は別名が『役行者御利生図会』とされていることからうかがえるように、役行者の利生《りしょう》や神変《じんぺん》の話が数多く収められている。

役行者一家の恩愛

西尾図書館蔵の古浄瑠璃『役行者』、大英博物館蔵の『ゑんの行者』絵巻、西ベルリン図書館蔵の『役の行者絵巻』はほぼ同文のものである。なおこの西尾図書館蔵の『役行者』は『松平大和守日記』の万治四年（一六六一）二月一三日の条の「浄瑠璃本目録」にその名があげられている。その内容は次のとおりである。大和国葛城郡の賀茂役氏の役行者は幼名を朝日丸といい、弓取の父富方《とみかた》と母、後見の為次夫妻と暮らしていた。朝日丸は一三歳になったとき、自分は仏弟子の迦葉《かしょう》の化身ゆえ出家させてほしい、家の後継者は吉野の蔵王権現に申し子を頼んであると告げて、葛城山に入る。ほどなくして父富方は死亡し、母は申し子の月若を生む。一方、山に入った朝日丸は小角《おづぬ》と名乗り、動物に守られて修行して、前鬼・後鬼を帰順させる。また富士山に修行に行く途中に遠江の佐夜の中山で山賊を改悛させて弟子にする。この後、岩橋架橋、一言主神呪縛、讒言、追捕の派兵と話が続く。

しかし役行者は富士に飛び去り、追捕の兵は母と弟の月若の館を攻めた。母は後見の為次夫妻に月若を託して縛につく。役行者は母を救うために名乗り出て、伊豆に配流される。一方、月若は花売りをして暮しをたてるがたまたま初瀬に御幸した天皇にあい、名前と身の上を語る。天皇が同情し、行者は勅免され、一家が再会するが、行者はまた山に籠る。その後役行者はインドの霊鷲山《りょうじゅせん》に行き、魔王などの妨害を退けて釈迦に会い、日本に仏法を弘めるように励まされて、葛城山に帰って修験の開祖になるという話である。このようにこの話は、役行者の修行、霊鷲山への求法《ぐほう》の旅、修験の開基からなる修行譚と、息子を逃し、自分が縛につく母、それを助ける小角、天皇に窮状を訴えて兄を救う弟というように、役行者一家の恩愛の話がおりこまれているのである。

『大峰の本地』では、朝日丸（役行者）が一七歳になったとき、不動明王が大男の姿をして矜《こん》羯《が》羅《ら》・制《せい》吒《た》迦《か》の両童子をともなってあらわれて「汝は迦葉の化身ゆえ、吉野に入るように」と告げたので、母と弟の月若丸（後に元服して豊久）を残して、大峰山に入り、役小角と名乗った。そのとき吉野では、蔵王権現が矢田地蔵の錫《しやくじよう》杖を与えて案内した。行者はこの錫杖を使って大蛇を退治し、前鬼・後鬼を従えた。ついで岩橋、一言主神の呪縛の話が続く。呪縛された一言主神は氏子の定熊《さだくま》に訴え、彼が朝廷に役行者のことを讒言する。そこで朝廷では小角に追手を向けるがつかまらず、母と弟の豊久《とよひさ》をつかまえる。そこで母を救うために小角が名乗り出て縛につき伊豆に流される。ところが大宝三年（七〇三）宮中の歌会のとき、黒雲がおこり、前鬼・後鬼が出現し、陪席していた定熊を殺す。続いて雲の中から北辰《ほくしん》があらわれて、聖人の役行者を配流したことを咎《とが》めたので、朝廷では行者を勅免し、弟の豊久の旧領を安堵するとともに定熊の領地を与えた。行者は伊豆からの帰路、遠江の佐夜の中山で山賊を改悛させて弟子にした。また駿河の長福寺の貪欲な僧を懲らしめるためにその寺の釣鐘を山上ヶ岳の岩の鼻にかけるなどした。そして弟子たちに法義を守って峰入《みねいり》するようにすすめたという話になっている。この『大峰の本地』

では、舞台をさきの『役行者』の葛城から大峰にかえたかたちで物語が展開しているのである。

邪恋と神変

元禄年間（一六八八～一七〇四）に山本河内掾《かわちのじょう》が著した古浄瑠璃の『役行者伝記』は、役行者の母岩戸御前《いわとごぜ》への従兄のせぐろの臣の邪恋をモチーフにしている。葛上郡《かつらぎのかみ》茅原《ちはら》の高加茂うじ役小れんあつみの娘・岩戸御前は、両親に先立たれて、執権の清むら夫婦に育てられ一五歳になっていた。あるとき姫が聖徳太子を祀る寺の法華八講に行く途中で彼女に邪恋する獲物の小猿を持った従兄のせぐろの臣にあい、小猿をゆずり受け、親猿に返してやった。寺で法要後、金色の僧があらわれて、姫に後仏《ごぶつ》を世に出すために胎を借りたいという。姫は受胎し、欽明天皇六年（五四五）に男子を出生した。これは仏教公伝の一年前である。これを聞いたせぐろの臣は彼女に不義の子を出せと迫り、彼の家臣が赤子を奪う。すると姫が助けた親猿があらわれて赤子を奪い、葛城山中につれていった。赤子は動物や前鬼・後鬼に守られて生育し、孔雀明王の呪を唱えて修行した。一方、岩戸御前と清むら夫婦は失跡した子を探す旅に出た。けれども姫はまたせぐろの臣に出会い、殺されてしまった。清むら夫婦は姫の墓をつくり、遺骸を埋葬した。たまたま修行中の役行者がこの墓を見て、孔雀明王に祈って母を蘇生させた。

役行者は一言主神たちに葛城と金峰の間に岩橋をかけるように命じたが、一言主神が従わず火炎となって、天皇に、行者が庶民を扇動していると讒言し、小黒の臣もそれを支持した。そこで朝廷では行者を追捕するために派兵したが、捕まらない。そこで囮として母の岩戸御前をつかまえた。行者は母を救うために名乗りでて伊豆に配流された。一方、岩戸御前はせぐろの臣に預けられた。せぐろの臣に迫られた岩戸御前は、行者を助けることを条件に身をまかせるといった。ところが喜びせまるせぐろの臣を姫（じつは身がわりになっている後鬼）が殺してしまった。一方、伊豆には役行者の身がわりに前鬼が配流されていて、行者は大峰で修行を続けていた。

そのころ天皇が御脳を病み、藤原不比等《ふひと》が遠江国長福寺の鬼眼法師《きがんほうし》（韓国連広足）を供に御岳詣して蔵王権現に祈ると、行者を赦免して祈らせるようにとの神託があった。そこで行者を赦免して伊豆からよび返して祈らせると病気が治った。これを妬《ねた》んだ鬼眼法師がじつは自分の祈禱で天皇の病気がなおったと言うが、とりあげられなかった。これを怒った行者は長福寺の釣鐘をとりあげて、山上ヶ岳の岩鼻にかけてしまう（鐘掛の地名の由来）。広足はこれに懲りずに一言主神の縛を解こうとするが役行者に叱られてあきらめた。なお母の岩戸御前は、行者に会うために金峰山に登ろうとするが嵐にさえぎられた。そのとき行者が母にあい、ここは女人禁制ゆえ登れないと諭した。その後役行者は、箕面山に母を招き、鉢にのせて一緒に天上に昇っていった。

このように『役行者伝記』では、役行者の母を邪恋するせぐろの臣と、母をよみがえらせて守る役行者とその弟子の前鬼・後鬼の働きに見られる神変が主題になっているのである。

政争と役行者

近松半二の『役行者大峰桜』は天智天皇の死後、その子大友皇子《おおとものみこ》（弘文天皇）を退けて皇弟の大海人皇子が即位する壬申の乱を主題にし、それに役行者の活動をおりまぜて、全五段の浄瑠璃としたものである。宝暦元年（一七五一）一〇月一七日に大坂竹本座で初演された。この役行者が大友皇子を助けたことは、既述の『役行者和讃』にもあげられているゆえ、本書は当時広く知られていたと考えられよう。その内容はつぎのようなものである。

天智《てんじ》天皇が病気になり、役行者が祈禱に招かれ、天命ゆえいたしかたないと告げる。その後継者に天智の弟の大海人皇子を退けて、天智の隠し子の大友皇子（じつは蘇我大臣赤兄《あかえ》の隠し子信夫《しのぶ》）が選ばれる。追捕された大海人皇子は家臣の村国庄司男依《おより》の子千島之助道依《みちより》と秦　連友足《はたのむらじともたる》の娘初日の導きで落ちのびて比叡山麓にかくまわれる。この千島之助と初日は相思相愛の仲である。また皇子の子を身ごもった朝日姫は親王家に出入りの杣《そま》の谷蔵《たにぞう》に導かれて伊吹山に身をかくす。谷蔵は姫を養う金を得るために鬼面をかぶって山賊をする。彼はたまたま山中で出会った役行者におそいかかり、鬼面を割られるが、上記の事情を話し、朝日姫を役行者に託す。行者は姫を笈《おい》の中に入れて隠す。また行者は谷蔵を弟子にして五鬼（後鬼）と名乗らせる。

大友皇子は大海人皇子が比叡山麓に隠棲しているのを知り、蘇我赤兄の執権大野大部金連《おおののたいぶかねつら》に命じて刺客を向かわせる。また初日に邪恋し、千島之助道依のところにその母浜荻《はまおぎ》を遣わして、初日をゆずるか、死を選ぶかせまらせる。また初日の父秦連友足には初日に大友皇子の妾となるか死を選ぶか説得させる。大野大部金連は娘千歳《ちとせ》を殺し、その首を大海人皇子のものとして大友皇子にさしだす。また浜荻は千島之助、秦連友足は初日の首を大友皇子に献上して忠誠のふりをする一方、加茂《かも》神社の下司《げし》に扮した大海人皇子方の武士山上次郎が、皇位継承のあかしの三種の神器を加茂神社に安置すると大友皇子に申し出て許されて、宮中から持ち出してしまう。さらに大友皇子は朝日姫が役行者にかくまわれているのを知り、家臣の塩手《しおて》の雲太《くもた》に二人を打たせようとする。

役行者はそのころ吉野の奥で方違《かたたがえ》・安産・治病・牛馬の病などの加持祈禱《かじきとう》をして庶民の救済をはかり、多くの人々から崇められていた。そこに雲太が兵をつれて攻め寄せたが、行者は不動《ふどう》金縛法《かなしばりのほう》によって寄せ手を動けなくする。幸いにして彼らは陀羅尼助《だらにすけ》（苦味の強い腹痛薬）売りの兼松（行者の弟）に陀羅尼助をもらって元気になる。そして兼松に朝日姫の行方《ゆくえ》の在所を教えれば大名にとりたてるとそそのかす。一方そうとは知らずに、役行者は洞川近くの母と妹のお峰のところを訪れる。母は笈《おい》の中の姫が大友皇子の娘と知っておどろく。そしてじつは役行者も天智天皇と葛城の采女《うねめ》の子であると告げる。そこに兼松の手びきで塩手の雲太が攻め寄せる。後鬼が笈から姫をつれ出し、母が身がわりに入って、打たれる。兼松は改悛して行者の弟子となり前鬼の名を与えられる。

役行者は後鬼を都につかわして大海人皇子を大峰山にむかえる。そして攻め寄せてきた大友皇子の軍勢を皇子の家臣や、前鬼・後鬼、諸国の先達《せんだつ》たち、講の人々とともに打ちまかし、大友皇子を捕まえる。大海人皇子は天武天皇となり、大友皇子は遠島に配流される。

このように『役行者大峰桜』は大海人皇子が大友皇子の悪だくみを忠節な家臣の助けによって退けて天武天皇となる話を主題としているが、そのなかに役行者の神変・加持祈禱の効験《こうげん》が随所に記されている。また大峰詣の講員たちが役行者と一緒に大海人皇子が皇位につくのを助けているが、こうしたことから、この浄瑠璃は山上講の人々に愛好され、彼らの役行者信仰を強固なものとしていったのである。

役行者伝承の構造

エピローグ

役行者伝承の展開

開祖の宗教生活史

一般に創唱宗教の教祖は幼年期から宗教的な雰囲気のなかで育ち、修学または修行中に神秘体験を得て、崇拝対象と接し、その啓示をもとに開教する。やがてその教えに従って弟子があらわれ教団組織が形成される。その際に教団の発展にともなって、教祖の神格化が進められる。たとえば、釈迦は大日如来が救済のために姿をかえてあらわれたというように、教祖の本縁を設けることが試みられる。また、釈迦は母の摩耶夫人《まやぶにん》の夢のなかで六牙《ろくげ》の白象に乗って右の脇下から入胎し、彼女が沙羅《しゃら》の枝に手を伸したとき、その右の脇下から生まれたというように受胎・出産を神秘化することもなされている。さらに青年期の修行、神秘体験のうちでの守護神の獲得や死を神話化することも認められる。

ところでこうした教祖の一生は波瀾万丈な英雄の生涯になぞらえることもできる。オランダのヤン・デ・フリース（Jan de Vries）は英雄譚を構成する項目として、①受胎譚、②誕生、③幼児期の危難、④生育の方法、⑤不死身、⑥竜蛇や怪獣との闘い、⑦乙女の獲得、⑧冥府への探険、⑨青年期の国外追放と帰国、⑩悲劇的な死をあげている。この英雄譚の構造は、不死身を修行により金剛身《こんごうしん》となること、乙女の獲得を守護神の獲得にかえれば、教祖にも適応しうると思われるのである。

そこでこれらを参考にして、エピローグの「役行者伝承の構造」では、役行者の本縁・呼称・出自・父母・受胎・誕生・少年期・峰中での修行（修行全般と、葛城《かつらぎ》・金峰《きんぶ》・熊野・大峰その他の霊山での修行）、守護仏や眷属《けんぞく》の獲得、受法（その内容）、経典・宗教活動・呪法・験力《げんりき》（霊験）・試練（架橋・讒言《ざんげん》・配流・処刑・赦免）、鬼の使役、弟子・関連寺院・巡錫《じゅんしゃく》地・渡唐、道昭《どうしょう》との出会い、その後の来日、系譜の項目を設定する。そして、修験道の展開に応じて、これらがどのように変化したかと検討する。その際、修験者の間に伝わった各時代を代表するテキストに重点をおき、それと対比する意味で同時代の説話も検討する。またあわせて、彫刻や絵画の役行者像にも目をくばることにする。そして、そのうえで時代をこえた役行者伝承全体の構造を解明することにしたい。なお紙数の関係もあるので詳細は、表「役行者伝承の展開」にゆずり、ここでは特徴的な事項について考察する。

室町 修験修要秘訣集	役行者本記	江戸(本山) 役公徴業録	(当山) 修験行者伝記	役君形生記	高祖講式	役行者御 伝記図会	全般
大日・不動 迦葉・香積	スサノオ 大日	迦葉・香積	法起菩薩	迦葉・法起・ 大日・証誠			中国・イ ンド
役優婆塞 法起	役小角	高祖役公	曩祖役行者	祖師役君	高祖役君	神変大菩薩	優婆塞・行者
賀茂役公	賀茂氏	加茂明神の 子孫	加茂明神 の子孫	高賀茂役公氏		賀茂役公氏	高賀茂氏
	大角 白専女	間賀介 白専女	母30迄夫無	間賀介 白専女	渡都妓麿	処女	間賀介 白専女
金の独鈷	金剛杵	独鈷(金杵 丸)	大日が独 鈷を授く	天から独鈷	金剛杵	独鈷-天皇	独鈷
7ヶ月で 出産	花　発言	神竜が灌頂	竜が産湯 を吐く	無事出産	衆生を導く	額に角・ 魁梧	角
儒・仏・ 六波羅蜜	捨子　動物	小角(キリ ン)・梵文	眉間に角	仏像・堂 葛城	葛城で法起 と現じる	慈救・孔 雀の呪	仏教を学ぶ
十界一如 六波羅蜜	十界 夏安居	六波羅蜜・窟		捨身求菩薩	窟		窟・藤 衣・松
32歳から 30年窟籠	法起の説法	法起の浄土	孔雀明王の法	孔雀　法華	法華	32歳法起	法起
				窟(蔵王)		入山	花供
		参詣		証誠を拝する			参詣
	八経ヶ岳 (骸骨)三重	三重・仙洞	三重・仙洞	三重・仙洞	深仙	仙洞	三重・仙 洞・順逆
箕面(竜樹)	富士・箕面	富士・箕面	富士(大日)	富士	箕面	富士	富士・箕面
		不動・蔵 王・弁天	金剛蔵王	蔵王(弥勒・ 千手・釈迦)	不動・威 徳天	蔵王(地蔵 ・弥勒)	蔵王
	神鬼	十五童子	十五童子	三十六童子			三十六童子
無相三密の印璽・入峰秘法	竜樹から印明	宝珠・大日の法	入峰灌頂	灌頂の法		徳善・竜樹	灌頂
	三身寿量 無辺経		法華経	法華経		法華経	法華経・金胎
	塔婆供養		雨乞	塔婆供養		憑き物・生霊	供養
	孔雀・千手 ・不動呪	千手・心経		孔雀・不動 の法		孔雀・不 動呪	孔雀・不 動呪

役行者伝承の展開

	古代(史書) 続日本紀	(説話) 日本霊異記	鎌倉(吉野) 金峰山本縁起	(熊野) 役優婆塞事	(大峰) 諸山縁起	(全般) 私聚百因縁集	(史書) 元亨釈書
本縁			唐の40仙の3	インドの智教・顕覚	七生		
呼称	役君小角	役優婆塞	役優婆塞	役優婆塞	役行者	役優婆塞	開祖を役小角
出自		高賀茂朝臣	高賀茂氏	高賀茂氏		高賀茂氏	賀茂役公氏
父母				真鳥大臣の娘		間賀介・白専渡都岐	
受胎				月を飲む夢			
誕生		葛上郡茅原村				葛上郡矢箱村	茆原村
少年				先生は不動と云う			聡く・博学
修行	汲水採薪	窟・藤衣・松	藤衣・松	抖擻	岩屋	坐禅・徳行	窟で30年
葛城	入山	入山	入山	二上山		金剛山	32歳で入山
金峰			入山	花供		金剛界	
熊野				参詣		証誠(弥陀)	
大峰				順・逆・三重・仙洞	三重・仙洞	金胎	
その他		富士の高峰	富士の峰	箕面		箕面	箕面(竜樹)
守護神		富士明神	金峰山の大神	熊野・蔵王	母・北斗大師・金剛蔵王	蔵王(釈迦)	
眷属	鬼神	鬼神			三十六童子	三十六童子	
受法						徳善・竜樹	
経		法華経	法華経	法華経・金胎・弥陀	法華経・金胎・弥陀	法華経	
活動				塔婆供養	塔婆供養	塔婆供養	
呪法		孔雀の呪法	孔雀の呪法	大聖明王の呪	千手陀羅尼・心経	慈救・孔雀・千手・心経	孔雀明王呪

室町 修験修要秘訣集	役行者本記	江戸（本山）役公徴業録	（当山）修験行者伝記	役君形生記	高祖講式	役行者御伝記図会	全般
		台風を鎮める	台風・一言主呪縛	一言主呪縛	一言主呪縛		呪縛　飛行
		葛城・金峰	葛城・金峰	葛城・金峰		金峰と金剛山	葛城と金峰
	葛城神が天皇へ	国家の逆賊	国家の逆賊	国家の逆賊	一言主託宣	一言主・広足・謀反	一言主・逆賊
	大島・相模の山	母・大島・相模	母・大島・富士・駒ヶ岳	母・大島・富士・駒ヶ岳	母・大島・富士・駒ヶ岳	母　大島・富士	母　大島・富士
	剣が折れる	剣が折れる		殺剣		処刑人の目が眩む	殺剣
	使いを遠江で待つ	疫病　北斗星	疫病	富士明神の神文		広足の変化	富士明神の表文
	生駒で前・後鬼	髪切山で前・後鬼	前・後鬼佐夜中山	生駒で前・後鬼		山上ヶ岳で前・後鬼	前鬼後鬼
		仙人180人・3代弟子				義覚・義賢	10代弟子
	笠置・生駒・茅原	当麻　慈光寺他	当麻	当麻			当麻・茅原他
	八菅・羽黒・全国						八菅・羽黒他
五色の雲に乗り渡唐	母を鉄鉢	老母を鉢		草葉母は鉢	母と新羅へ		母を鉢・飛行
		新羅500の虎	新羅500の虎	新羅500の虎			新羅500の虎
毎月7日日本へ				今も日本に			時々日本
	法系者25人					4代の弟子	本・当の系譜

	古代(史書) 続日本紀	(説話) 日本霊異記	鎌倉(吉野) 金峰山本縁起	(熊野) 役優婆塞事	(大峰) 諸山縁起	(全般) 私聚百因縁集	(史書) 元亨釈書
験力	呪縛	飛行・海上渡渉	一言主を呪縛			一言主を呪縛	一言主を呪縛
架橋		大和の金峰・葛城	金峰と葛城			久米の岩橋	葛城　金峰
讒言	広足・妖惑	一言主(天皇を倒)	一言主(天皇を傾ける)			広足・一言主(託宣)	国家の逆賊
配流	伊豆島	母・伊豆大島	母・伊豆大島			母・伊豆大島	伊豆大島
処刑		殺剣	剣をねぶる				
赦免(理由)		富士明神の表文	富士の神文博士				
鬼神	使役	使役	唐で八部衆を使役				
弟子	韓国連広足				仙人380人	仙人380人 広足	
関連寺院				茅原堂		当麻寺(弥勒の中に孔雀明王)	
巡錫							
渡唐		仙人となって昇天	母を鉢 渡唐			母を鉢 草座	空に飛び去る
道昭		新羅・500の虎	新羅500の賢聖			新羅・500の虎	新羅500の虎
その後			3年に一度金峰			今も日本に通う	時々日本に
系譜				八代弟子(土地舎利　縁起を相伝)	七生の行者		

役優婆塞の説話

歴史上の人物としての役小角《えんのおづぬ》は、『続日本紀《しょくにほんぎ》』記載の文武三年（六九九）にその能力をねたんだ弟子の韓国連広足《からくにのむらじひろたり》の妖惑の罪をおかしているとの讒言《ざんげん》によって、伊豆に配流された葛城山《かつらぎさん》の呪術者である。なお同書によると世間では小角は鬼神を使役して水を汲み、薪を採らせ、命に従わないときは呪縛したと噂したとされている。

この『続日本紀』成立の延暦一〇年（七九一）から約三〇年のちに成立した『日本霊異記《りょういき》』では、役優婆塞《えんのうばそく》は高賀茂《たかかも》氏の出身で大和国葛上郡《かつらぎのかみ》茅原《ちはら》村の生まれとしている。ここでは役小角を優婆塞ととらえるとともに、その出自が明示されている。そして洞窟に住して葛の衣を着、松を食べて修行し、孔雀明王《くじゃくみょうおう》の呪法を用いて、飛行・海上渡渉・呪縛などしたというように『続日本紀』にいう、広足に妬まれた呪力の内容が明示されている。さらに諸々の鬼神に金峰・葛城の架橋を命じ、一言主神《ひとことぬしのかみ》がこれに服さなかったので呪縛し、その讒言によって伊豆に配流されたが、夜は富士で修行し、殺剣の刃にあらわれた富士明神の表文によって赦免され、昇天後、新羅《しらぎ》で道昭の『法華経《ほけきょう》』の講席にあらわれる話となっている。この『日本霊異記』型の話は平安時代の説話や史書に踏襲されるが、平安後期の『今昔《こんじゃく》物語』ではこれに加えて、役優婆塞が金《きん》峰山《ぶせん》の蔵王《ざおう》菩薩を行い出したとの話が加わっている。ちなみに山梨県東八代郡中道町円楽寺《えんらくじ》にはかつて富士山北口二合目の行者《ぎょうじゃ》堂に祀られていた平安末の役行者像と二鬼像を伝えている。これはおそらく当時富士の修験が役行者を崇めていて、これが上記のような行者の富士修行と富士明神の表文による赦免の話となったことを示すと考えられよう。

金峰・大峰山

平安末から鎌倉期になると、金峰山（吉野）、大峰山、熊野の修験の間で独自の役小角の伝承が形成された。まず『金峰山本縁起』では『日本霊異記』の説話に加えて役優婆塞の修行が三十余年におよぶこと、諸国の鬼神を使役しての架橋、これに対する金峰山大神の追随と葛城の一言主神の反抗、一言主神の託宣による讒言、行者が殺剣を自己の身体にあて、ねぶって富士明神の表文を顕わし、都の博士がそれを判じて赦免となったこと、母を鉢にのせて渡唐し、唐で四〇人の仙人のうち第三座となり八部衆を使役していること、道昭の五〇〇人の賢聖《けんしょう》への『法華経』の講席にあらわれて、現在も三年に一度三山（金峰・葛城・富士）に赴いて修行していると告げたことがあげられている。このように『金峰山本縁起』では、役行者が金峰の大神や富士明神すら操作するすぐれた験力をもつこと、渡唐後の活動、とくに三年に一度日本の三山に修行に訪れていることが強調されている。ちなみに鎌倉末の『金峰山秘密伝』では役優婆塞の箕面《みのお》での竜樹《りゅうじゅ》からの受法や金剛蔵王権現感得譚が示されているが、とくに後者が強調されている。

大峰山の修験の役小角伝承は『諸山縁起』所収の「先達《せんだつ》の口伝」などに散見する。それによると役行者は大峰山中で七度生まれかわって修行したとしている。もっともこの七生それぞれの行者の事績からすると、彼らは当時大峰山中で修行した修験者と考えられる。役行者の主な活動舞台は大峰山中の深仙《じんぜん》近くの阿弥陀《あみだ》・胎蔵界《たいぞうかい》・金剛界の三つの窟だった。ここには役行者の御影《みえい》と熊野権現や金剛蔵王権現の出現の由来を書いた『大峰縁起』が納められていた。

役行者はここを拠点にして、日夜、近くの宝塔ヶ岳の母のところに参拝した。また『千手陀羅《せんじゅだら》尼《に》』や『般若心経』を唱えて、仙洞にあった自己の三生の骸骨から剣と杵《しょ》をとりもどした。さらに大峰山中の空鉢ヶ岳に唐から北斗《ほくと》大師を招いて、八大金剛童子、伊予の智延《ちえん》、三八〇人の仙人と母の供養のために一〇〇〇塔塔婆供養を行った。なおこのほか、行者の継承者として比古《ひこ》の寿《じゅ》元《げん》、鎮西の珍尊《ちんそん》、伊予の芳元《ほうげん》、出羽の興珍《こうちん》・助音《じょおん》・日大《にちだい》などがあげられている。ちなみにこの先達の口伝では役小角は、役行者と敬称されている。

熊野修験

中世期を通じて熊野修験は全国にわたって大きな影響をもたらした。その熊野修験に伝わる『役優婆塞事』によると、役優婆塞は初生は仏弟子の智教、二生は熊野十二所権現の主尊証誠殿《しょうじょうでん》（本宮）の本縁のインドの慈悲大顕王《じひだいけんおう》の従者雅顕《がけん》長者（垂迹《すいじゃく》は十二所権現の一つ勧請《かんじょう》十五所）の姉の子、三生が日本の役優婆塞である。また彼は不動明王の化身ともされている。その母は大伴金村《おおとものかなむら》に殺された真鳥大臣《まとりのおおおみ》の娘である。彼女は茅原村に隠れて、加《か》茂《も》氏を名乗ったが、『大峰縁起』を相伝し、熊野権現に詣でて月を呑んだ夢をみて妊娠した。同じ日に継体《けいたい》天皇の后が日を呑んだ夢をみて受胎し、役優婆塞と同日に出産した。これが後の欽明天皇である。周知のように欽明天皇七年（五三八）に仏教が公伝している。

役優婆塞は成長後二上山《ふたかみやま》・箕面をへて熊野に詣で、熊野権現から自己の前生を教えられた。そして吉野まで抖擻《とそう》する順峰をし、吉野で蔵王権現を拝し、山中の霊地に華を供える花供《はなく》の峰を修したうえで、今度は、吉野から熊野への逆峰をした。爾来《じらい》三三度にわたって順逆の峰入《みねいり》をし不動明王の呪を唱えて、『法華経』を誦し、金胎の曼荼羅《まんだら》を持した。またインドに赴いて仏舎利《ぶっしゃり》を請《しょう》来《らい》した。このほか、上記の三重の岩屋、仙洞の骸骨、一〇〇〇塔塔婆供養の話もあげられている。

なお、役優婆塞は自己の誕生地の茅原に茅原堂を建立して福田寺領として先祖伝来の土地を寄進した。そしてこの堂と領地を義学《ぎがく》以降九代にわたって自己の後継者に仏舎利と『大峰縁起』とあわせて相続させた。けれども一〇代目のときにこの土地は興福寺に押領されたとしている。

ところで鎌倉時代末になる兵庫湯泉神社蔵の「熊野本迹《ほんじゃく》曼荼羅」には、熊野十二所権現の真下に鳥居を配して、石上新羅明神《いわかみしんらみょうじん》が描かれている。ちなみに『諸山縁起』には「石上は新羅国の神にして文殊《もんじゅ》の垂迹なり、智証《ちしょう》大師の御時に物語すという」とある。周知のように新羅明神は円珍《えんちん》（智証大師）が、入唐《にっとう》帰朝の際に示現して、園城寺《おんじょうじ》の鎮守として祀られたものである。園城寺には左手に錫杖《しゃくじょう》、右手に経巻をもつ、半跏《はんか》の新羅明神像が伝わっている。なお古記にはこの像に素戔嗚尊《すさのおのみこと》に擬するとしている。この像容は鎌倉室町期の役行者の半跏像とほぼ同じである。こうしたことから、新羅明神像になぞらえて、役行者の半跏像が描かれたと推測されている（石田知彦『役行者像――岩座に腰掛けて坐るということ――役行者と修験道の世界』毎日新聞社、一九九九年)。

このことは熊野の修験者が熊野三山検校《けんぎょう》を重代職とする園城寺門跡《もんぜき》に対して、自分たちが、園城寺の守護神である新羅明神のように熊野三山を護持することを、彼らが修行の理想とする役行者像を新羅明神の図像にもとづいて描くことによって示したと推測されるのである。これに加えて、役行者が新羅で道昭の『法華経』の法座にあらわれて、今も三年に一度日本に帰って修行していると語ったとの話の「新羅」が彼らの脳裏にあってのことかもしれない。

鎌倉期の役行者伝

鎌倉期には、山伏の行道が役行者にはじまるということが『私聚百因縁集《しじゆひやくいんねんしゆう》』や『元亨釈書《げんこうしやくしよ》』などの仏教書に記され、その伝記が紹介されている。このうち『私聚百因縁集』には、役優婆塞の父は高賀茂間賀介麻呂《たかかもまかげまろ》、母も同氏の白専渡都岐麻呂《しらとうときまろ》というように両親の名がはじめて明記されている。また熊野は胎蔵界・証誠殿の本地は阿弥陀、金峰は金剛界・金剛蔵王の本地は釈迦、葛城は『法華経』の峰とされている。そして役優婆塞は金峰では大聖威徳天《だいしょういとくてん》、金剛山では法起《ほっき》菩薩をあらわした。箕面では三十六金剛童子を顕わし、徳善大王の導きで、竜樹から仏道の資糧を得た。

また当麻寺《たいまでら》の本尊の弥勒菩薩像の胎内に自己の念持仏の孔雀明王の小像を納めたとしている。ちなみに現に当麻寺の金堂には、本尊弥勒菩薩の左脇に鎌倉後期の役行者像が安置されている。このほか本書には、役優婆塞が七歳のときから慈救呪《じくのじゅ》をとなえて修行したこと、伊豆配流は広足の讒言と一言主の託宣との両方によること、渡唐後もつねに日本に通っていることなどがあげられている。このように『私聚百因縁集』では、在来の伝承に、霊山の性格・守護神・箕面での受法などが新たに加えられているのである。

『元亨釈書』所収の役行者伝は、近世期の教派修験の教義書にしばしば引用されている。その内容は在来の出自・出生地、幼にして博学であったこと、三二歳で葛城の岩窟にこもって、三十余年間、孔雀明王の呪を誦して修行したこと、箕面で竜樹にあい、寺院を建立したこと、岩橋、一言主神の讒言、伊豆配流、渡唐、道昭の法筵への出席、今も時々日本に修行に帰っているというものである。なおこの両書では、役優婆塞の本縁にはふれず、箕面では竜樹から仏道の資糧を得たり、竜樹を祀った堂を建立したとしているが、灌頂《かんじょう》の受法の記載は見られないのである。

室町期の役行者伝

修験道が確立した室町後期に成る、修験道の代表的な教義書『修験修要《しゅよう》秘決集』には「役行者略縁起事」と題する切紙が収められている。本縁起では、役優婆塞は毘盧遮那仏《びるしゃなぶつ》(大日如来)の化身、不動明王の分身でインドでは迦葉《かしょう》、中国では香《こう》積《しゃく》仙人、日本では役優婆塞としてあらわれ、密号を法起菩薩というとしている。その生涯については、母が金剛杵《こんごうしょ》を呑む夢をみて受胎し、青衣の女(弁財天)の守護のもとに七ヵ月で出産した。幼時から慈救呪を誦え、儒仏二教を学び、六波羅蜜の修行をした。そして箕面で竜樹から無相三密の印璽《いんじ》や入峰の秘法を授かったうえで、三二歳のときに葛城山に入り、三十余年にわたって岩窟に籠って修行した。終焉には五色の雲に乗って渡唐したが、毎月七日には日本を訪れているとしている。この縁起には、岩橋・讒言・配流譚はまったく見られず、役優婆塞は天界から来て母胎に入り、竜樹から秘法を授かり、それをもとに修験道を確立したのちにまた天界に帰り、毎月七日にこの世を訪れる神格とされているのである。

一六世紀初頭になる初の本格的な役小角伝である『役行者本記』には、役小角の系譜・伝記、それに関係づけた修験の思想（語説分）、儀礼（灌頂分）・組織（諸寺の開山や全国の巡錫）が記されている。系譜では大日如来にはじまる密教の血脈とあわせて素戔嗚尊を始祖とする高賀茂氏の系譜をあげ、小角の家は古来音韻を職としたとしている。役小角は華をもって生まれ、すぐものを言ったので捨てられて、動物に育てられた。そして成長後、箕面で竜樹から受法したが、さらに彼から深仙で塔婆供養の碑文、『大日経』『金剛頂経』を授かった。この両経を埋めた所から涌き出た水が深仙灌頂の香精水《こうじようすい》になったとしている。このほか、大峰の八経ヶ岳では文殊《もんじゆ》菩薩から『三身寿量無辺経《さんじんじゆりようむへんぎよう》』を授かるなど、受法伝承に重点が置かれている。

また生駒で前鬼《ぜんき》・後鬼《ごき》を弟子としたこと、吉野・葛城・笠置・生駒などに拠点寺院を造ったこと、全国各地の霊山を巡錫したことが、寺名や山名をあげて細かく記されている。さらに役小角のあとその法を継承した二五人の行者の名前（「法系紐《ほうけいちゆう》」）をあげている。このように『役行者本記』は、役小角を大日如来、素戔嗚尊の系譜に位置づけるとともに、その継承者をあげていること、小角が開基した寺院や修行した全国の霊山をあげていること、受法譚を強調していることを特徴としている。

なお室町期のこの二つの伝記では、役小角自身が神格化されたため、金剛蔵王権現感得譚は背後に押しやられている。彫刻のうえでもこのころから金剛蔵王権現があまり作られなくなり、むしろ役小角像の方が数多く作られるようになっている。このように室町時代には役小角はたんに開祖というよりも、修験道における崇拝対象として受けとめられるようになったのである。

教派修験

江戸時代には、熊野修験を掌握した本山派（本山聖護院）と、醍醐三宝院《だごさんぼういん》が聖宝《しょうぼう》を中興の祖とする当山正大先達衆とその配下の修験を統括した当山派がそれぞれ独自の役行者伝を編んでいる。その際に両教派修験の性格の違いが、教祖伝の内容の相違をもたらしている。そこで以下、本山派の『役公徴業録《えんこうちょうごうろく》』と当山派の『修験行者伝記』の内容を主にその相違点に注目して検討しておきたい。

まず役小角の称号については『役公徴業録』では「高祖役公」、『修験行者伝記』では「嚢祖《のうそ》役行者」としている。高祖は一派の開祖、嚢祖は遠い先祖を示す語である。これから推測すると、当山派では聖宝を派祖とし、役行者はさらにその先の始祖としているとも思われるのである。

役行者の本縁については『役公徴業録』ではインドの迦葉、中国の香積仙人とするのに対して『修験行者伝記』は『華厳経』に見られる法起菩薩をあげている。またともに加茂明神の子孫としつつも『役公徴業録』では両親の名をあげ、誕生のときに神竜が灌頂を授けたとし、小角の名は聖人の前兆とされる麒麟《きりん》になぞらえて、自ら名乗ったとしている。一方『修験行者伝記』では母は三〇歳まで夫が無かったが、大日如来から独鈷《とっこ》を授かる夢をみて受胎し、誕生のときに竜が吐いた湯を産湯とし、眉間に角があったので小角としたというように、その異様性を強調している。

つぎに崇拝対象、竜樹から授かったものとしては、『役公徴業録』では不動・蔵王・弁財天、宝珠《ほうじゅ》・大日如来の法、『修験行者伝記』では金剛蔵王権現、入峰灌頂をあげている。なお両者ともに役行者は台風を鎮めるなど験力を示したとしている。このように、本山派では役行者を高祖としてその神秘性を強調するのに対して、聖宝を中興の祖として崇める当山派では遠い先祖として、その異様性を説いている。もっとも両者はともにその霊験を具体的にあげている。

近世修験

近世期に刊行されて本・当をとわず修験道界で広く読まれ、修験五書に唯一おさめられた、役行者伝の『役君形生記《えんくんけいせいき》』では、役小角を祖師としている。祖師は一派の始祖を示す称号である。その本縁については、インドで釈迦が大日如来から宝冠を授かって、庶民救済を誓った。そのとき仏弟子の迦葉が法起菩薩の姿をしてあらわれて、日本で役優婆塞として生まれて衆生《しゅじょう》救済をすることを誓い、釈迦が竜樹と現じて助けることを約束したというように、箕面での役小角の竜樹からの受法を釈迦の迦葉との約束にもとづくとしている。そしてこのあと、役行者の出自、二鬼随逐、箕面受法、大峰での奇瑞《きずい》や金剛蔵王権現感得という近世期に作られた修験の伝承と、葛城修行・岩橋譚・伊豆配流を中心とする『日本霊異記』型の説話をつなぎあわせ、最後に役小角が当麻寺に両親の供養のために土地などを寄進した話をあげるという形をとっている。

近世期には役行者の講式が編まれているが、『高祖講式』では、母の渡都岐麿《ととききまろ》が金剛杵をのんで受胎し、行者は出生に際して衆生を導くことを宣言した。そして葛城山の窟で法起菩薩を拝して修行し、熊野の那智では不動明王、金峰山では金剛蔵王権現・大聖威徳天をあらわし、深仙の窟では孔雀明王や不動の法を修し、箕面では竜樹から秘法を授かったとしている。さらに、このほか一言主神の讒言、伊豆配流、処刑の際の奇跡、赦免、一言主呪縛、母と新羅へ渡ったことなどが記されている。修験者たちは役行者の講会において、高祖が崇めた神格や授かった法とその神変《じんぺん》を記したこの講式を唱えて、その活動を追体験したのである。

近世文学

近世期には、役小角の伝承が奈良絵本や古浄瑠璃・小説などに描かれている。これにはまず『役君形生記』などの伝統的な役行者伝を物語化したもの（浅井了意『役行者縁起』）がある。また役行者の弟を登場させて、その訴えで行者が許されたとしたり（古浄瑠璃『役行者』「行者絵巻」）。一言主神を氏神とする定態《さだくま》がその意をうけて讒言をし、行者は配流されたが、前鬼・後鬼が彼を殺し、役行者も北辰《ほくしん》の神託で許される話（古浄瑠璃『大峰の本地』）、役行者の母に邪恋した従兄の讒言で母がつかまり小角も配流されたが、前鬼・後鬼が身がわりとなって、従兄を排して二人を助けた話（古浄瑠璃『役行者伝記』）、役行者や前鬼・後鬼が大海人皇子《おおあまのおうじ》やその家臣を助けて、大友皇子を滅ぼすというように、壬申《じんしん》の乱を主題とした浄瑠璃（近松半二『役行者大峰桜』）などがある。これらの伝統的な形をとらない創作では、役行者配流の原因となる讒言は氏族間の争いに求められ、役行者一家が互いに助けあい、前鬼・後鬼などの助けのもとに、それに堪え、報復することが主題となっている。またこれらには随所に役行者の霊験や神変を示す話が折りこまれている。

なお、藤東海《ふじとうかい》の小説『役行者御伝記図会《ずえ》』（『役行者御利生《ごりしょう》図会』ともいう）では、葛上郡茅原の賀茂役公氏の娘が、独鈷を呑んだ夢をみたあと、たまたまその地に狩猟にきた舒明《じょめい》天皇の寵愛を受けて妊娠した。生児は額に一角をはやし、面貌も魁梧《かいご》だったが、伯父の願行《がんぎょう》に師事して、慈救呪や孔雀明王の呪を唱えて修行したとしている。その後の行者の活動は『役君形生記』などとほぼ同じである。本書ではこのほかに、役行者が狐憑《つ》きや生霊の祟《たた》りによる病人をなおしたり、中臣鎌足《なかとみのかまたり》の脳病を治癒した話、住職が峰入のための喜捨を断った遠江《とおとうみ》国佐野郡原田村の長福寺の鐘を山上ヶ岳の表行場に飛来させたという鐘掛け岩の名彙譚《めいいたん》をあげている。このように近世の奈良絵本・浄瑠璃・小説では、役行者の伝承を庶民に身近な、氏族間の確執、恩愛、仇討のモチーフに組みかえ、随所にその霊験や神変をもりこむ形をとっている。こうしたことから役行者は庶民に広く親しまれ、とくに関西において山上ヶ岳の山上蔵王堂で役行者にまみえることを目的に登拝する山上講の盛行をもたらしたのである。

以上、私は奈良時代から江戸時代にいたる役小角伝承の展開を跡づけてきた。今一度要約しておくと、修験道成立以前の奈良時代の鬼神を使役し、生活に必要な採薪汲水の奉仕をさせ、それに従わぬと呪縛するという役小角の呪法に関する伝承が、平安時代には葛城の託宣神の一言主神を使役して、岩橋をかけさせようとし、それに従わないので呪縛したという形に展開している。

開祖「役行者」伝の形成過程

修験道が成立した鎌倉時代になると、これに、役行者の奇跡・守護神の獲得・受法のモチーフが加わった。なお平安から鎌倉期には小角は役優婆塞と呼ばれている。そして修験道が確立した室町時代以降になると、役行者の本縁や母が独鈷を呑む夢をみて受胎したことや、小角の箕面での受法譚が創られ、その神格性が強調された。

そして教派修験が確立した江戸時代には、役小角は在来の伝記に加えて本縁は大日如来の分身、不動明王のあらわれとされた。なお室町後期から江戸時代にかけて役小角は役行者と通称されている。そして寛政一一年（一七九九）にはその活動が神変であることを称えて、「神変大菩薩」の諡号《しごう》がおくられたのである。このように葛城の呪術師であった役小角は、修験道にとり入れられることによって、優婆塞からすぐれた行者、超自然的な宗教者をへて修験道の崇拝対象ともいえる位置を占めるにいたったのである。

役行者伝承の構造

他界と此世

これまで主としてその展開、霊山や教派による相違に焦点をおいて検討した役行者伝承を、近世期にほぼ完成した役小角《えんのおづぬ》伝ともいえる『役君形生記《えんくんけいせいき》』などの記載をもとに、全般的にまとめて概要を示すとさきにあげた表「役行者伝承の展開」（一八〇〜一八三ページ）の右の最後の「全般」の欄、さらにこれをもとに役行者伝承の構造を図示すると、「役行者伝承の構造図」（一九七ページ）のようになる。この図は、役行者の活動を他界（前世・山岳・来世）と此世《しせ》に分け、それぞれの主要な活動をあげたものである。

この構造図は、大日如来の分身で不動明王《ふどうみょうおう》の化身《けしん》の役行者はインドでは仏弟子の迦葉《かしょう》、中国では香積《こうしゃく》仙人（『役君顚末秘蔵記』では老子）として活躍した（A）。日本では、母が独鈷《とっこ》（『役優婆塞事《えんのうばそくのこと》』では月）を飲む夢をみて、妊娠し、葛城山麓《かつらぎさんろく》で生育した。けれども仏道を志し、母と別

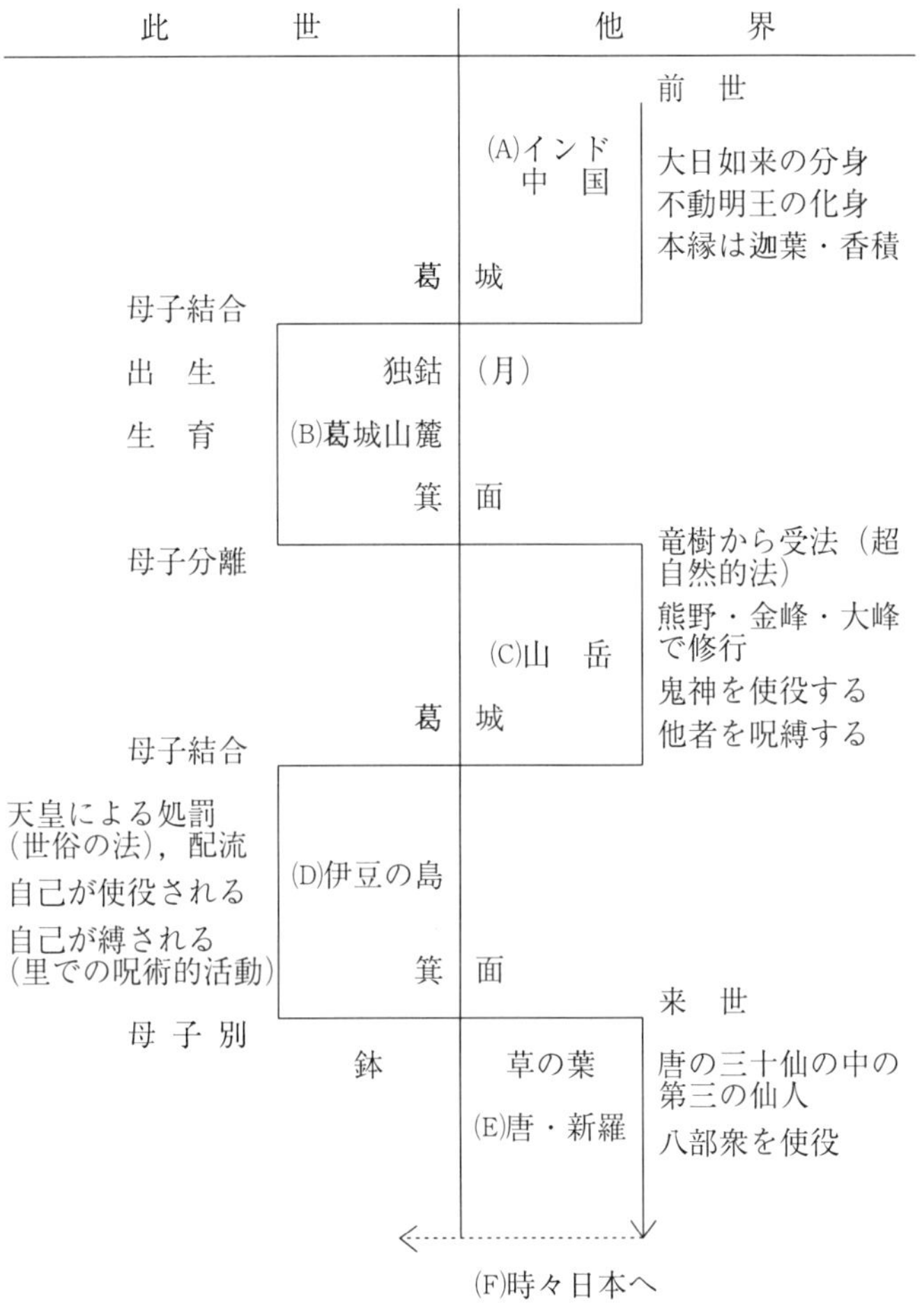
此　世
他　界
前　世
(A)インド
中　国
大日如来の分身
不動明王の化身
本縁は迦葉・香積
葛
城
母子結合
出　生
独鈷
(月)
生　育
(B)葛城山麓
箕
面
母子分離
竜樹から受法(超自然的法)
熊野・金峰・大峰で修行
(C)山　岳
鬼神を使役する
葛
城
他者を呪縛する
母子結合
天皇による処罰(世俗の法),配流
(D)伊豆の島
自己が使役される
自己が縛される(里での呪術的活動)
箕
面
来　世
母 子 別
鉢
草の葉
唐の三十仙の中の第三の仙人
(E)唐・新羅
八部衆を使役
(F)時々日本へ

役行者伝承の構造図

れて、箕面《みのお》山に入り竜樹《りゅうじゅ》菩薩から灌頂《かんじょう》を受けて、無相三密《むそうさんみつ》の印璽《いんじ》や入峰の秘法を授かった（超自然的な受法）。そして葛城・金峰《きんぶ》・熊野・大峰・富士をはじめ全国各地の霊山で修行し、葛城では法起《ほっき》菩薩、金峰では金剛蔵王《ざおう》権現を顕わした。また大峰では峰々に金胎の曼荼羅《まんだら》を観じ、葛城には『法華経《ほけきょう》』二八品をおさめた。とくに大峰では順逆、花供《はなく》の峰入《みねいり》を行った。

また鬼神を使役して葛城と金峰の間に岩橋を架けさせ、その命に従わない葛城の一言主神《ひとことぬしのかみ》を呪縛した（Ⓒ）。ところがこの一言主神が朝廷に、行者が妖惑の罪（「賊盗律」二一、扇動の罪）を犯していると讒言《ざんげん》した。そこで行者を捕縛しようとするが、飛行自在の験力を持つゆえ捕まらないので、囮《おとり》として母を捕縛した。行者は母を救うために（母子結合）、葛城山の麓に下って縛についた。そして世俗の法（「賊盗律」二二）にもとづいて伊豆大島に遠流《おんる》され、獄卒に使役される身となった。もっとも夜は富士山などで修行した。その富士明神の加護もあって死刑をまぬがれて赦免された（Ⓓ）。そして最後は箕面に行って、母を鉢にのせ、自分は草葉にのるというように別の乗物で渡唐した。その後は唐の三十仙の第三の仙人となって八部衆を使役した（Ⓔ）。また新羅で道昭《どうしょう》の『法華経』の法筵にあらわれて、今も時々日本を訪れて、修行や救済にたずさわっている（Ⓕ）という構造を示している。

処罰と守護神獲得・受法

歴史上の人物としての役小角の活動は、この図では生育（B）と配流（D）の部分に限られている。その配流の理由はD欄の括弧内に示したように、小角の卓越した呪術宗教的活動に対する韓国連広足《からくにのむらじひろたり》の妖惑の罪をおかしているとの讒言である。そして『日本霊異記《りょういき》』以降の仏教説話では、その讒言の原因は、小角が鬼神に葛城と金峰の間に岩橋を架けることを命じたが、一言主神が自分の顔が醜いので、夜のみ働くのを咎《とが》めて縛したことによるとしている。この岩橋の話は「久米の岩橋」との枕言葉になり好んで和歌に歌われている。また讒言、捕縛、配流、処刑と続く役行者の試練の話は、後世の役行者説話の主要なモチーフになっている。その際、役行者の処刑が富士明神の表文によって中止となり、赦免されて逆に崇められる形をとっている。

さらにこの(B)と(D)の部分は、近世期の奈良絵本や浄瑠璃においても主要なモチーフになっている。ただこれらの(B)の部分では、役行者一家の幸せな生活が、敵対者の讒言による役行者の伊豆配流によって崩されるが、役行者の母や弟、前鬼《ぜんき》・後鬼《ごき》などの働きで、行者が赦免され、一家も栄え、行者が多くの人を救済したうえで（D）、他界に去る形をとっている。

これに対して鎌倉期以降の修験集団の「役行者伝」では、まず金峰山《きんぶせん》での役行者の金剛蔵王権現感得譚があらわれる。さらに葛城での法起菩薩・熊野権現・不動明王・金剛童子などの守護仏や眷属《けんぞく》の獲得にかかわる話が創られる。そしてこれに続いて箕面で徳善《とくぜん》大王の導きで、竜樹から灌頂を受け、峰入の法を授かる話が登場する。またあわせて他界になぞらえた霊山での修行などの活動の話があげられる。そして近世期になると、これに加えて霊験や神変《じんべん》の事例が加えられる。なお熊野や大峰の修験の伝承や『修験修要《しゆよう》秘決集』の「役行者略縁起事」では、(D)の役行者の試練に関する部分はまったく見られない。このように修験集団の役行者伝は(A)・(C)・(E)を主体としているのである。

験力の根源

他界における役小角の宗教活動の中心をなすのは『続日本紀《しょくにほんぎ》』に世間の噂として付言されている鬼神を使役し、種々のことを行わせ、従わない時は呪縛するというものである。その後の伝承では、この鬼神が一言主神、前鬼・後鬼、童子、八部衆、山神というように具体化する。これらはいずれも護法（主尊の眷属神）と考えられるものである。それゆえ役行者の呪法は基本的には護法を意のままに使役して種々のことを行わせるところに中心があるといえよう。

役行者がこうした験力を発揮しうるのは一つには、行者が大日如来の分身で不動明王の化身であることによっている。周知のように不動明王は剣と索をもち、矜羯羅《こんがら》（独鈷を両手にもつ）・制吒迦《せいたか》（金剛杵《こんごうしょ》と金剛棒をもつ）の両童子を従えている。現に修験道の調伏《ちょうぶく》などの修法では修験者は、不動明王と同化して両童子を使役して剣を用いて、悪魔を切りきざんだり、索を用いて金縛りにしているのである。ちなみにこの不動明王の剣と索を神格化したものが修験者が崇める倶利《くり》迦羅竜王《からりゆうおう》（不動）である。なお役行者は、多くの場合岩に座し、錫杖《しやくじよう》と経巻《きようかん》・独鈷杵・念珠《ねんじゆ》のいずれかを持っている。とくに母の受胎をもたらした独鈷は、唯一の法界・精進・勇猛《ゆうみよう》・摧破《さいは》を示し、修験道に限らず密教の修法で必ずもちいられるものである。また錫杖や念珠も加持《かじ》などにもちいられている。

今一つ、役行者の験力の根源をなすのは、呪文である。とくに孔雀明王の呪、不動明王の慈救《じくの》呪《じゆ》、千手陀羅尼《せんじゆだらに》などが重視されている。また経典では、『般若心経』『法華経』（とくに『観音経』）が広く用いられている。

母と子

この役小角伝承の構造図で今一つ注目しておきたいのは、母と子（役行者）の関係である。役行者の此世への出現は母が独鈷を呑む夢をみての受胎にもとづくもので、父の存在は問題とされていない。未婚の処女との伝承もある。また他界である霊山から世俗のこの世に降りてきたのは、囮として縛された母を救うためである。ここでは、母との強い恩愛の絆が感じられる。ところで役行者の母は白専女《しらとうめ》と呼ばれているが、役行者の出生地とされる御所《ごせ》市茅原《ちはら》では、母の名はトラメ（都良売・刀良売）とされている。柳田国男は「トウ」とか「トラ」の名は古代の巫女をさすとしている。ちなみに熊野修験の『役優婆塞事』には役行者の母方の系譜をあげるが、これは命子《みようし》（巫女）の系譜である。

役行者は母と別れて葛城山に入っている（B)の母子分離）。なお現在山上ヶ岳の登山口の洞川《どろかわ》には母公堂があり、役行者はここで母と別れたとされ、昭和四五年（一九七〇）まではここが女人《によにん》結界《けっかい》の場所とされていた。ところが『諸山縁起』所掲の「先達《せんだつ》の口伝《くでん》」では役行者は大峰山中に居をかまえて、日夜宝塔ヶ岳の母のところに参拝に訪れている。とすると、行者の母は大峰山中にいることになる。私はこの山中の母は山の女神をさすと考えている。そして、役行者はこの山の女神に接し、それと抱きあって、その力を得るために、俗なる母を忌避したと考えたいのである。現に修験霊山では秘仏として聖天《しょうてん》を崇めているところが多いが、これは山の女神を日夜拝することによって、その力を得ようとした役行者以来の修験者の姿を示すとも思われるのである。この推理にたてば死後役行者が唐に伴《ともな》った母はこの山の母と思われないでもないのである。

系譜と地方支配

最後に今一つ指摘しておきたいことは、近世期の教派修験において役行者が教団組織の超自然的な要《かなめ》ともいえる位置を占めていることである。役行者の一〇代弟子をへて円珍《えんちん》にいたる本山派の『深仙《じんぜん》灌頂系譜』・『聖門御累代記《しょうもんごるいだいき》』、当山派の役行者から元明《げんめい》天皇以下一〇代の天皇をへて聖宝《しょうぼう》・当山正大先達寺の修験者にと続く『極深秘法脈《ごくじんぴほうみゃく》』や、東密小野流の血脈の竜猛（樹）に続けて役行者を挿入した『当山修験伝統血脈』など本・当両派の系譜では、役行者を始祖あるいは系譜の中枢に据え、歴代の教主がその系統をひくとすることによって、その支配の正統性を意味づけている。さらにその行者は大日如来以来の血脈をひいているのである。これを役行者による修験教団の縦の権威づけと捉えておきたい。

これと並んで室町末期の『役行者本記』に典型的に見られるように、全国各地の主要な霊山や山中の霊地、また主要な修験寺院が役行者が開基したり巡錫《じゅんしゃく》したところとされている。これはいわば横の権威づけともいえるものである。役行者は修験道組織の縦・横二つの軸の中心をなしているのである。このように役行者はその組織の上でも修験教団において、開祖として中心的な位置を与えられているのである。

参考文献

鷲尾順敬「役小角」『仏教史林』二一、明治二八年

中野達慧編『修験道章疏』三、日本大蔵経、日本大蔵経編纂会、大正八年

牛窪弘善『文化史上における役行者』修験社、昭和三年

津田左右吉「役行者伝説考」『史潮』一―三、昭和六年（『津田左右吉全集』九巻、岩波書店）

村上俊雄「役行者」『宗教研究』一二―五、昭和一〇年

和歌森太郎『修験道史研究』河出書房、昭和一七年（平凡社、東洋文庫二一一、昭和四七年）

宮城信雅『山岳宗教の開祖　役行者』修験社、昭和一七年

佐藤虎雄「役小角伝」『天理大学学報』二一、昭和三一年

西郷信綱「役行者考――古代における亡命のこと――」（西郷『神話と国家』平凡社、昭和五二年）

宮家準「役小角伝承の展開と修験道」『成田山仏教研究所紀要』六、成田山仏教研究所、昭和五六年（宮家『修験道思想の研究』増補決定版、春秋社、平成一一年）

村山修一「役小角の研究」『愛知学院大学文学部紀要』一五、昭和六〇年

神山登「役行者の信仰とその尊像」『大阪市立博物館研究紀要』一八、昭和六一年

宮家準「修験道の思想――大峰縁起を中心として――」『東洋思想』一五、岩波書店、平成元年（宮家『修験道思想の研究』増補決定版、春秋社、平成一一年）

上田正昭「役行者の原像」（上田『古代の道教と朝鮮文化』人文書院、平成元年）
高橋伸幸「役行者事」（北海道説話文学研究会『私聚百因縁集の研究』本朝編上、和泉書院、平成二年）
丸山顕徳「役小角説話」（丸山『日本霊異記説話の研究』桜楓社、平成四年）
アンヌ・マリ・ブッシィ「お伽草紙『役行者物語絵巻』の役行者伝」（『仏教民俗学大系』一、名著出版、平成五年）
銭谷武平『役行者伝記集成』東方出版、平成六年
宮家準「修験道の霊地——役行者本記に見られる——」『講座日本文学と仏教』七、岩波書店、平成七年（宮家『修験道組織の研究』春秋社、平成一一年）
大塚雅司「役行者伝説の変遷——道教とのかかわりなど——」（中村璋八編『中国人と道教』汲古書院、平成一〇年）
大阪市立美術館編『役行者神変大菩薩一三〇〇年遠忌記念　役行者と修験道の世界——山岳信仰の秘宝——』毎日新聞社、平成一一年
宮家準「新羅明神信仰と役行者像」『神道宗教』一八八、平成一四年

あとがき

慶応四年（一八六八）三月、明治政府は神仏分離令を出した。この結果、権現を主祭神とする修験霊山は神社となった。また社僧として各地の氏神祭祀にたずさわった法印《ほういん》（修験者）は復飾するか神職となった。さらに明治五年（一八七二）九月には、修験道は廃止され、本・当両派の修験は天台・真言に所属した。また吉野・羽黒《はぐろ》の修験は天台宗に所属した。各地の修験は仏教教団のなかで存続することになったのである。

こうしたなかで明治三三年（一九〇〇）には、神変《じんぺん》大菩薩の御遠忌《ごおんき》が両本山ならびに吉野で開かれた。吉野では大峯山寺《おおみねさんじ》の役行者像（開帳仏、口絵1）が吉野で御開帳されている。そしてこれとあわせて、玉里仙《ぎよくりせん》『大峯山役行者御一代利生記《りしよう》』（明治三〇年）、津田実英《じつえい》『茅原山役小角独《ちはらさんえんのおづぬとつ》鈷三光《こさんこう》』（明治三三年）、広安恭寿《ひろやすきようじゆ》『役行者御伝記』（明治四一年）、福井良暢《りようちよう》『神変大菩薩御修法記』（明治四四年）などが著されている。これらはいずれも近世期の『役君形生記《えんくんけいせいき》』などを抄録したものである。こうしたこともあって明治末から大正にかけて霊山信仰が盛行し、旧本山派の聖護院《しょうごいん》は『修験』、旧当山派の醍醐三宝院《だいごさんぼういん》は『神変』、金峰山は『修験道』という機関紙を刊行して、修験道の宣揚につとめている。

これらの機関紙には、森憲証《けんしょう》（『修験』）、水木要太郎（『神変』）などの役行者伝がのせられている。さらに大正一四年には、坪内逍遙《しょうよう》の戯曲『役の行者』が著されている。昭和になると、牛窪弘善《うしくぼこうぜん》『文化史上に於ける役行者』（修験社、昭和三年）、山田文造『役行者』（金峯山寺、昭和四年）、大三輪《おおみわ》信哉『神変大菩薩』（興教書院、昭和一一年）、宮城信雅『山岳宗教の開祖　役行者』（修験社、昭和一七年）など教学者による役行者伝が刊行された。

第二次大戦終了後、旧本山派の聖護院が「修験宗」（現「本山修験宗」）、五流修験が「修験道」、旧当山派は「真言宗醍醐派」、吉野修験は「金峯山修験本宗」、羽黒修験は「羽黒山修験本宗」として独立した。そして昭和二五年には、それぞれで役行者の御遠忌を営んでいる。平原北堂《ほくどう》『役行者』（文化時報社、昭和三一年）、黒須紀一郎『役小角』（作品社、平成八年）のような小説も著された。そして本書の最初に述べたように平成一一年（一九九九）には、戦後の仏教教団からの独立後、半世紀をへてその基盤を確立した修験教団が相たずさえて、新世紀に向かうことを示すかのように、東京の東武美術館と大阪市立美術館で「役行者と修験道の世界」の特別展が開かれた。そして御遠忌の年にあたる平成一二年には、それぞれの教団や寺院で役行者一三〇〇年の御遠忌の法要を施行するとともに、八月二七日に大峯山寺で三教団と大峯山寺の合同法要が企画されている。

役行者はこうした修験教団が、平安後期の萌芽期から現在までの約一〇〇〇年にわたる成立・展開の過程で創りあげた理念上の開祖なのである。この修験教団の営みは、本来開祖をもたない自然宗教が成立宗教化していくにあたって、その統合の象徴として必要とされる理念上の開祖を創りあげた興味深い事例として注目されるのである。本書は、修験教団による役行者御遠忌を寿《ことほ》いで、上記の視点にたって現在も広く信じられている役行者伝の成立の経緯とそれのもつ宗教社会的な意味の解明を試みたものである。

二〇〇〇年五月

宮　家　　準

著者紹介

一九三三年、東京都に生まれる
一九六二年、東京大学大学院人文科学研究科博士課程修了、文学博士
現在、慶応義塾大学名誉教授　日本山岳修験学会名誉会長　修験道管長・法首

主要著書
修験道―その歴史と修行―　霊山と日本人
熊野修験　日本の民俗宗教　宗教民俗学

歴史文化ライブラリー
98

役行者《えんのぎょうじゃ》と修験道《しゅげんどう》の歴史

二〇〇〇年（平成十二）七月一日　第一刷発行
二〇一六年（平成二十八）十月十日　第三刷発行

著　者　宮《みや》家《け》　準《ひとし》
発行者　吉川道郎
発行所　株式会社 吉川弘文館
東京都文京区本郷七丁目二番八号
郵便番号一一三―〇〇三三
電話〇三―三八一三―九一五一〈代表〉
振替口座〇〇一〇〇―五―二四四
http://www.yoshikawa-k.co.jp/
印刷＝株式会社 平文社
製本＝ナショナル製本協同組合
装幀＝山崎　登

ISBN978-4-642-05498-0

歴史文化ライブラリー

1996.10

刊行のことば

現今の日本および国際社会は、さまざまな面で大変動の時代を迎えておりますが、近づきつつある二十一世紀は人類史の到達点として、物質的な繁栄のみならず文化や自然・社会環境を謳歌できる平和な社会でなければなりません。しかしながら高度成長・技術革新にともなう急激な変貌は「自己本位な刹那主義」の風潮を生みだし、先人が築いてきた歴史や文化に学ぶ余裕もなく、いまだ明るい人類の将来が展望できていないようにも見えます。

このような状況を踏まえ、よりよい二十一世紀社会を築くために、人類誕生から現在に至る「人類の遺産・教訓」としてのあらゆる分野の歴史と文化を「歴史文化ライブラリー」として刊行することといたしました。

小社は、安政四年（一八五七）の創業以来、一貫して歴史学を中心とした専門出版社として書籍を刊行しつづけてまいりました。その経験を生かし、学問成果にもとづいた本叢書を刊行し社会的要請に応えて行きたいと考えております。

現代は、マスメディアが発達した高度情報化社会といわれますが、私どもはあくまでも活字を主体とした出版こそ、ものの本質を考える基礎と信じ、本叢書をとおして社会に訴えてまいりたいと思います。これから生まれでる一冊一冊が、それぞれの読者を知的冒険の旅へと誘い、希望に満ちた人類の未来を構築する糧となれば幸いです。

吉川弘文館

歴史文化ライブラリー

民俗学・人類学

日本人の誕生 人類はるかなる旅――埴原和郎
倭人への道 人骨の謎を追って――中橋孝博
神々の原像 祭祀の小宇宙――新谷尚紀
女人禁制――鈴木正崇
役行者と修験道の歴史――宮家 準
民俗都市の人びと――倉石忠彦
鬼の復権――萩原秀三郎
幽霊 近世都市が生み出した化物――髙岡弘幸
雑穀を旅する――増田昭子
川は誰のものか 人と環境の民俗学――菅 豊
名づけの民俗学 地名・人名はどう命名されてきたか――田中宣一
番 と 衆 日本社会の東と西――福田アジオ
記憶すること・記録すること 聞き書き論ノート――香月洋一郎
番茶と日本人――中村羊一郎
踊りの宇宙 日本の民族芸能――三隅治雄
日本の祭りを読み解く――真野俊和
柳田国男 その生涯と思想――川田 稔
海のモンゴロイド ポリネシア人の祖先をもとめて――片山一道

世界史

中国古代の貨幣 お金をめぐる人びとと暮らし――柿沼陽平
黄金の島 ジパング伝説――宮崎正勝
琉球と中国 忘れられた冊封使――原田禹雄
古代の琉球弧と東アジア――山里純一
アジアのなかの琉球王国――高良倉吉
琉球国の滅亡とハワイ移民――鳥越皓之
王宮炎上 アレクサンドロス大王とペルセポリス――森谷公俊
イングランド王国と闘った男 ジェラルド・オブ・ウェールズの時代――桜井俊彰
魔女裁判 魔術と民衆のドイツ史――牟田和男
フランスの中世社会 王と貴族たちの軌跡――渡辺節夫
ヒトラーのニュルンベルク 第三帝国の光と闇――芝 健介
人権の思想史――浜林正夫
グローバル時代の世界史の読み方――宮崎正勝

考古学

タネをまく縄文人 最新科学が覆す農耕の起源――小畑弘己
農耕の起源を探る イネの来た道――宮本一夫
O脚だったかもしれない縄文人 人骨は語る――谷畑美帆
老人と子供の考古学――山田康弘
〈新〉弥生時代 五〇〇年早かった水田稲作――藤尾慎一郎
交流する弥生人 金印国家群の時代の生活誌――高倉洋彰
樹木と暮らす古代人 木製品が語る弥生・古墳時代――樋上 昇
古 墳――土生田純之

歴史文化ライブラリー

- 東国から読み解く古墳時代——若狭　徹
- 神と死者の考古学 古代のまつりと信仰——笹生　衛
- 国分寺の誕生 古代日本の国家プロジェクト——須田　勉
- 銭の考古学——鈴木公雄
- 太平洋戦争と考古学——坂詰秀一

古代史

- 邪馬台国 魏使が歩いた道——丸山雍成
- 邪馬台国の滅亡 大和王権の征服戦争——若井敏明
- 日本語の誕生 古代の文字と表記——沖森卓也
- 日本国号の歴史——小林敏男
- 古事記のひみつ 歴史書の成立——三浦佑之
- 日本神話を語ろう イザナキ・イザナミの物語——中村修也
- 東アジアの日本書紀 歴史書の誕生——遠藤慶太
- 〈聖徳太子〉の誕生——大山誠一
- 倭国と渡来人 交錯する「内」と「外」——田中史生
- 大和の豪族と渡来人 葛城・蘇我氏と大伴・物部氏——加藤謙吉
- 白村江の真実 新羅王・金春秋の策略——中村修也
- 古代豪族と武士の誕生——森　公章
- 飛鳥の宮と藤原京 よみがえる古代王宮——林部　均
- 出雲国誕生——大橋泰夫
- 古代出雲——前田晴人
- エミシ・エゾからアイヌへ——児島恭子
- 古代の皇位継承 天武系皇統は実在したか——遠山美都男
- 持統女帝と皇位継承——倉本一宏
- 古代天皇家の婚姻戦略——荒木敏夫
- 高松塚・キトラ古墳の謎——山本忠尚
- 壬申の乱を読み解く——早川万年
- 家族の古代史 恋愛・結婚・子育て——梅村恵子
- 万葉集と古代史——直木孝次郎
- 地方官人たちの古代史 律令国家を支えた人びと——中村順昭
- 古代の都はどうつくられたか 中国・日本・朝鮮・渤海——吉田　歓
- 平城京に暮らす 天平びとの泣き笑い——馬場　基
- 平城京の住宅事情 貴族はどこに住んだのか——近江俊秀
- すべての道は平城京へ 古代国家の〈支配の道〉——市　大樹
- 都はなぜ移るのか 遷都の古代史——仁藤敦史
- 聖武天皇が造った都 難波宮・恭仁宮・紫香楽宮——小笠原好彦
- 悲運の遣唐僧 円載の数奇な生涯——佐伯有清
- 遣唐使の見た中国——古瀬奈津子
- 古代の女性官僚 女官の出世・結婚・引退——伊集院葉子
- 平安朝 女性のライフサイクル——服藤早苗
- 平安京のニオイ——安田政彦
- 平安京の災害史 都市の危機と再生——北村優季

歴史文化ライブラリー